泉城文库

泉水文化丛书

第一辑　雍坚　主编

白泉泉泉群
玉河泉泉群

雍坚
郭学军
编著

济南出版社

图书在版编目（CIP）数据

白泉泉群、玉河泉泉群 / 雍坚，郭学军编著.
济南：济南出版社，2024.7. --（泉水文化丛书 / 雍坚主编）. -- ISBN 978-7-5488-6602-2

Ⅰ.K928.4

中国国家版本馆 CIP 数据核字第 2024XC6177 号

白泉泉群、玉河泉泉群
BAIQUAN QUANQUN　YUHEQUAN QUANQUN
雍　坚　郭学军　编著

出　版　人　谢金岭
责任编辑　贾英敏　林小溪
封面设计　牛　钧
图片统筹　左　庆

出版发行　济南出版社
地　　址　山东省济南市二环南路 1 号（250002）
总 编 室　0531-86131715
印　　刷　济南新先锋彩印有限公司
版　　次　2024 年 7 月第 1 版
印　　次　2024 年 7 月第 1 次印刷
开　　本　160mm×230mm　16 开
印　　张　16.5
字　　数　205 千字
书　　号　ISBN 978-7-5488-6602-2
定　　价　66.00 元

如有印装质量问题 请与出版社出版部联系调换
电话：0531-86131736

版权所有　盗版必究

总序

文化，源自《周易》中所讲的"观乎人文，以化成天下"。自然形态的泉水，在与人文影响相结合后，才诞生了泉水文化。通过考察济南泉水文化的衍生轨迹，可以看到，泉水本体在历史上经历了从专名到组合名、从组合名到组群名这样一个生发过程。

"泺之会"和"鞌之战"是春秋时期发生于济南的两件知名度最高的大事（尽管"济南"这一地名当时尚未诞生）。非常巧合的是，与这两件大事相伴的，竟然是两个泉水专名的诞生。《春秋》记载，鲁桓公十八年（前694），鲁桓公和齐襄公在"泺"相会。"泺"，源自泺水。而"泺水"，既是河名，又是趵突泉之初名。北魏郦道元在《水经注》中推测，泺水泉源一带即"公会齐侯于泺"的发生地。"鞌之战"发生于鲁成公二年（前589），《左传》记述此战时，首次记载华不注山下有华泉。

东晋十六国时期，第三个泉水专名——"孝水"（后世称"孝感泉"）诞生。南燕地理学家晏谟在《三齐记》中记载："其水平地涌出，为小渠，与四望湖合流入州，历诸廨署，西入泺水。耆老传云，昔有孝子事母，取水远。感此，泉涌出，故名'孝水'。"北魏时期，郦道元在《水经注》中，所记济南泉水专名有6个，分别是泺水、舜井、华泉、西流泉、白野泉和百脉水（百脉泉）。北宋，济南泉水家族扩容，达到30余处。济南文人李格非热爱家乡山水，曾著《历下水记》，将这30余处泉水详加记述，惜未传世。后人仅能从北宋张邦基所著《墨庄漫录》中知其梗概："济南为郡，在历山之阴。水泉清冷，凡三十余所，如舜泉、爆流、金线、真珠、孝感、玉环之类，皆奇。李格非文叔作《历下水记》叙述甚详，文体有法。曾子固诗'爆流'作'趵突'，未知孰是。"

伴随着济南泉水专名的增加，到了金代，济南泉水的组合名终于出场，这就是刻在《名泉碑》上的"七十二泉"。七十二，古为天地阴阳五行之成数，亦用以表示数量众多，如《史记》载"古者封泰山禅梁父者七十二家"、唐诗《梁甫吟》中有"东下齐城七十二"之句。金《名泉碑》未传世至今，所幸元代地理学家于钦在《齐乘》中将泉名全部著录，并加注了泉址，济南七十二泉的第一个版本因此名满天下。金代七十二泉的部分名泉在后世虽有衰败隐没，但"七十二泉"之名不废，至今又产生了三个典型版本，分别是明晏璧《济南七十二泉诗》、清郝植恭《济南七十二泉记》和当代"济南新七十二名泉"。此外，明清时期，还有周绳所录《七十二泉歌》、王钟霖所著《历下七十二泉考》等五个非典型七十二泉版本出现。如果把以上九个版本的"七十二泉"合并同类项，总量有170余泉。从金代至今，只有趵突泉、金线泉等十六泉在各时期都稳居榜单。

俗语云："物以类聚，人以群分。"意为同类的事物经常聚集在一起，志同道合的人往往相聚成群。当济南的泉水达到一定数量时，"泉以群分"的现象就应运而生了。

20世纪40年代末，济南泉水的组群名开始出现。1948年，《地质论评》杂志第13卷刊发国立北洋大学采矿系地质学科学者方鸿慈所著《济南地下水调查及其涌泉机构之判断》一文，首次将济南泉水归纳为四个涌泉群：趵突泉涌泉群（内城外西南角）、黑虎泉涌泉群（内城外东南角）、贤清泉涌泉群（内城外西侧）和北珍珠泉涌泉群（内城大明湖南侧）。

1959年，山东师范学院地理系教师黄春海在《地理学资料》第4期发表《济南泉水》一文，将济南市区泉水划分为趵突泉泉群、黑虎泉泉群、珍珠泉泉群、五龙潭泉群和江家池泉群。同年，黄春海的同事徐本坚在《山东师范学院学报》第4期发表《泰山地区自然地理》一文，提出济南市区诸泉大体可分为四群：趵突泉泉群、黑虎泉泉群、五龙潭泉群、珍珠泉泉群。此种表述虽然已经与后来通行的表述一致，但当时并未固定下来。1959年11月，山东师范学院地理系编著的《济南地理》（徐本坚是此书的参编者之一）一书中对济南四大泉群又按照方位来命名，分别是：城东南泉群、城中心泉群、城西南泉群、城西缘泉群。

通过文献检索可知，济南四大泉群的表述此后还经历了数次变化和反复。譬如，1964年4月，郑亦桥所著《山东名胜古迹·济南》一书中，将济南四大泉群表述为"趵突泉群、黑虎泉群、珍珠泉群和五龙潭泉群"；1965年5月，山东省地质局水文地质观测总站所编《济南泉水》中，将济南四大泉群表述为"趵突泉—白龙湾泉群、黑虎泉泉群、五龙潭—古温泉泉群和王府池泉群"；1966年，油印本《济南一览》一书中，将济南四大泉群表述为"趵突泉泉群、黑虎泉泉群、五龙潭泉群和珍珠泉泉群"，与1959年发表的《泰山地区自然地理》一文所述一致；1986年，山东省地图出版社编印的《济南泉水》中，将四大泉群复称为"趵突泉群、黑虎泉群、五龙潭泉群和珍珠泉群"；1989年，济南市人民政府所编《济南历史文化名城保护规划图集》将济南四大泉群复称为"趵突泉泉群、珍珠泉泉群、五龙潭泉群和黑虎泉泉群"。此后，这一表述才算固定下来。

2004年4月2日，由济南名泉研究会、济南市名泉保护管理办公室组织进行的历时五年的济南新七十二名泉评审结果揭晓，同时还公布了新划出的郊区六大泉群，这样加上市区原有的四大泉群，就有了济南十大泉群的划分，它们是：趵突泉泉群、黑虎泉泉群、珍珠泉泉群、五龙潭泉群、白泉泉群、涌泉泉群、玉河泉泉群、百脉泉泉群、袈裟泉泉群、洪范池泉群。十大泉群的划分，是本着有利于泉水的保护和管理、有利于旅游和开发的原则，依据泉水的地质结构、流域范围，在20平方公里范围内有泉水数目20处以上，且泉水水势好，正常年份能保持常年喷涌，泉水周围有良好的自然环境和历史文化内涵等标准进行的。

2019年1月，国务院批复同意山东省调整济南市、莱芜市行政区划，撤销莱芜市，将其所辖区域划归济南市管辖。伴随着济莱区划调整，新设立的济南市莱芜区和济南市钢城区境内的泉水，加入济南泉水大家族。2020年7月至2021年7月，济南市城乡水务局（济南市泉水保护办公室）再次开展全市范围内的新一轮泉水普查工作。在泉水普查的基础上，邀请业内专家对新发现的500余处泉水逐一进行评审，新增305处泉水为名泉，其中，莱芜区境内有72泉，钢城区境内有30泉。2023年，在《济南市名泉保护总体规划（2023—2035年）》编制过程中，根据泉水出露点分布情况，结合历史人文要素与自然生态条件划定了十二片泉群，即趵突泉泉群、黑虎泉泉群、珍珠泉泉群、五龙潭泉群、白泉泉群、涌泉泉群、百脉泉泉群、玉河泉泉群、袈裟泉泉群、洪范池泉群、吕祖泉泉群及舜泉泉群。其中，吕祖泉泉群（莱芜区境内诸泉）和舜泉泉群（钢城区境内诸泉）为新增。

稍加回望的话，在市区四大泉群之外，济南郊区诸泉群名称的出现，也是有迹可循的。1965年7月，山东省地质局八〇一队李传谟在油印本《鲁中南喀斯特及其水文地质特征的研究》中记载了今章丘区境内的明水镇泉群（包括百脉泉）、绣水村泉群，今长清区境内的长清泉群，今莱芜区境内的郭娘泉群。据2013年《济南泉水志》记载，20世纪80年代后，省市有关部门及高校有关科研人员和学者，对济南辖区内的泉群及其泉域划分形成了各种不同的说法，但济南辖区内有三个泉水集中出露区和七个泉群的说法，为大多数人所认同。三个集中出露区即济南市区（包括东郊、西郊）、章丘区明水、平阴县洪范池一带；七个泉群即趵突泉泉群、黑虎泉泉群、五龙潭泉群、珍珠泉泉群、白泉泉群、明水泉群、平阴泉群。

泉群是泉水出露的一种聚集形式。泉群的划分，则是对泉水分布所作的人为圈定，如根据泉水分布的地理区域集中性、泉水的水文地质条件进行的划分，以及从泉水景观的保护、管理和开发等角度进行的划分。因此，具体到每个泉群内所含的泉水和覆盖范围，亦是"时移事异"的。以珍珠泉泉群为例，1948年，方鸿慈视野中的北珍珠泉涌泉群，仅有"北珍珠泉、太乙泉等8处以上泉水"；1966年油印本《济南一览》中，珍珠泉泉群有珍珠泉等10泉；1981年济南市历下区地名办公室所绘《济南历下区泉水分布图》上，将护城河内老城区中的34泉悉数列入珍珠泉泉群；1997年《济南市志》将珍珠泉泉群区域再度缩小，称"位于旧城中心的曲水亭街、芙蓉街、东更道街、院前街之间"，共有泉池21处（含失迷泉池2处）；2013年《济南泉水志》将珍珠泉泉群的范围扩大至老城区中所有的有泉区域，总量也跃升为济南市区四大泉群之首，计有74处；2021年9月，伴随着"济南市新增305处名泉名录"的公布，护城河以内济南老城区的在册名泉（珍珠泉泉群）达到107处。

当代，记述济南泉水风貌、泉水文化的出版物已有多种，可谓琳琅满目，而本丛书以泉群为单位，对济南市诸泉进行风貌考察、文化挖掘、名称考证，便于读者从泉水群落的角度去考察、关注、研究各泉的来龙去脉。十二大泉群之外散布的名泉，皆附于与其邻近的泉群后——记述，以成其全。如天桥区散布的名泉附于五龙潭泉群之后，近郊龙洞、玉函山等名泉附于玉河泉泉群之后。

值得一提的是，本丛书所关注的济南各泉群诸泉，并不限于当代业已列入济南名泉名录的泉水，还包括各泉群泉域内的三类泉水：一是新恢复的名泉，如珍珠泉泉群中新恢复的明代名泉北芙蓉泉；二是历史上曾经存在、后来湮失的名泉，如趵突泉泉群中的道村泉、通惠泉，白泉泉群中的老母泉、当道泉，吕祖泉泉群中的郭娘泉、星波泉；三是现实存在，但未被列入名录的泉水，这些泉水或偏居一隅，鲜为人知，如玉河泉泉群中的中泉村咋呼泉、鸡跑泉，或季节性出流，难得一见，如袈裟泉泉群中的一口干泉、洪范池泉群中的天半泉。在济南泉水大家族中，它们虽属小众，但往往是体现济南泉水千姿百态的另类注脚。

本丛书在编撰过程中参考了《千泉之城——泉城济南名泉谱》等众多当代济南泉水文化出版物，得到了济南市城乡水务局（济南市泉水保护办公室）、济南市勘察测绘研究院、山东省地矿局八〇一水文地质工程地质大队等单位的大力支持，谨此诚致谢忱！

亘古以来，济南的泉脉与文脉交相依存，生生不息。济南文化之积淀、历史之渊源，皆与泉水密切相关。期待这套《泉城文库·泉水文化丛书》开启您对济南的寻根探源之旅！

雍坚

2024 年 6 月 10 日

目录

白泉泉群

白泉泉群概述 / 003

白泉 / 007

灰泉·新灰泉 / 011

丫丫葫芦泉·草泉 / 013

团泉·麻泉 / 016

冷泉·漂泉 / 018

漫泉·惠泉 / 020

花泉 / 022

当道泉·柳叶泉·猪拱泉 / 024

双宝泉 / 025

响泉 / 026

饮马泉 / 028

珍珠泉 / 030

华泉 / 032

灰包泉·老母泉 / 035

玉河泉泉群

玉河泉泉群概述 / 039

玉河泉 / 043

老玉河泉 / 047

响呼噜泉 / 049

东泉 / 052

黄路泉 / 054

饮马泉 / 056

东泉 / 057

堰泉 / 059

老井泉 / 061

冰心泉 / 062

滴水泉 / 064

南泉 / 065

康泉 / 068

英雄泉 / 070

井子峪泉 / 072

虎门泉 / 074

猪拱泉 / 076

忠泉 / 078

咋呼泉 / 080

三泉峪北泉·上泉·南泉 / 081

响泉 / 083

尼姑泉 / 085

仙人堂泉 / 087

虎啸泉 / 088

南峪泉 / 089

咋呼泉·红柿泉·罐子泉 / 091

001

断崖泉　/ 093

石瓮泉　/ 094

黄歇泉　/ 095

小湾子泉　/ 096

七井泉　/ 097

柳泉　/ 098

炸鼓泉　/ 099

下雨泉（龙脉泉）　/ 100

南山泉　/ 102

北井泉　/ 104

岭北泉　/ 105

三井泉　/ 106

卢井泉　/ 108

肖南井泉　/ 110

南小泉　/ 111

义和泉·白胡子老头泉　/ 112

黑虎泉　/ 114

青龙泉　/ 116

马蹄泉　/ 118

玉漏泉　/ 120

老泉子　/ 122

九龙口泉　/ 124

大泉　/ 126

东流泉　/ 128

西天神泉　/ 130

大泉　/ 132

滴水泉　/ 134

老井泉　/ 136

灰泉　/ 138

东峪泉　/ 140

双乳泉　/ 142

淌豆泉　/ 144

近郊诸泉

近郊诸泉概述　/ 149

龙泉　/ 151

佛慧泉　/ 153

甘露泉　/ 154

长生泉　/ 157

漏水泉　/ 158

砚池　/ 159

浆水泉　/ 162

北井泉　/ 165

仰泉·黄龙泉·牛腔泉　/ 166

上泉·西沟峪泉　/ 168

琵琶泉　/ 170

炉泉·白虎泉·煮糟泉　/ 171

水洞子泉　/ 172

老鸹泉　/ 174

葫芦泉　/ 176

老君泉　/ 178

林汲泉　/ 180

露华泉　/ 183

壶嘴泉·金龙泉　/ 185

白龙泉·金沙泉·黑龙泉　/ 187

悬珠泉　/ 190

一指泉　/ 191

白云泉·凤凰池　/ 193

金鱼泉　/ 195

赤龙泉　/ 197

逻岩泉　/ 199

柳树井泉　/ 200

斗母泉　/ 201

白花泉　/ 205

南圈泉　/ 207

边庄北泉・边庄南泉・
边庄西泉　/ 208
西坡南泉　/ 210
西坡北泉　/ 212
南岭泉　/ 213
寄宝泉　/ 214
小泉　/ 216
南峪泉　/ 218
大岭泉　/ 220
芙蓉池　/ 222
蕊珠泉　/ 224
王母池　/ 226

灰泉　/ 228
鹁鸽泉　/ 230
大泉　/ 231
东峪泉　/ 233
沛泉　/ 235
柏石峪南泉井　/ 237
南泉井・北泉井　/ 238
土屋庄南泉井　/ 240
鹿泉　/ 242
双龙泉　/ 244
姑嫂泉　/ 246
吴家泉　/ 249

白泉泉群

白泉泉群概述

1990年10月，山东省地矿局八〇一队提交了《山东省济南市白泉——武家水源地供水水文地质勘探报告》，报告中明确了白泉泉群及其泉域。20世纪80年代后，省市有关部门及高校有关科研人员和学者，对济南辖区内的泉群及其泉域划分形成了各种不同的看法，但济南辖区内有3个泉水集中出露区和7个泉群的看法，为大多数人所认同。3个集中出露区即济南市区（包括东郊、西郊）、章丘区明水、平阴县洪范池一带；7个泉群分别是：趵突泉泉群、黑虎泉泉群、五龙潭泉群、珍珠泉泉群、白泉泉群、明水泉群、平阴泉群。

2004年4月2日，由济南名泉研究会、济南市名泉保护管理办公室组织进行的济南新七十二名泉评审结果揭晓，同时还公布了新划出的郊区六大泉群，白泉泉群便是其中之一。这样加上市区原有的四大泉群，就有了济南十大泉群的新划分。这次十大泉群的划分，是本着有利于泉水保护和管理、有利于旅游和开发的原则，依据泉水的地质结构、流域范围和分布相对集中的区域，在20平方公里范围内有泉水20处以上，泉水水势好且能保持常年喷涌，泉水周围自然环境良好和历史文化深厚等标准进行的。

白泉泉群主要位于济南市历城区鲍山街道、王舍人街道、华山街道和郭店街道。核心区域是鲍山街道办事处纸房村以北，长约9公里、宽约3公里的狭长地带，东起梁王庄，经冷水沟，西至张马、大辛庄、水坡。

白泉泉群、玉河泉泉群

白泉泉群中的华泉，乃名称存续时间最长的济南历史名泉，早在先秦史书《左传》中已有记载，北魏地理学家郦道元在《水经注》中亦记载了华泉及华泉出流而形成的华水。金《名泉碑》所录的金代历下七十二名泉中，白泉、花泉均属白泉泉群中的白泉和花泉。元代地理学家于钦在《齐乘》中收录了金《名泉碑》，并注明了白泉和花泉的位置分别是"王舍店北"和"张马泊"。此二泉，明晏璧《七十二泉诗》、清郝植恭《七十二泉记》均有收录，堪称济南七十二泉家族中的"三朝元老"。

除华泉、白泉、花泉外，白泉泉群见于明代文献记载的名泉众多，如崇祯《历城县志》还载有灰包泉（韩家店东北）、草泉、当道泉（梁家庄北）、老母泉（堰头北）、冷泉、漂泉、惠泉、团泉、漫泉、麻泉等10泉。值得一提的是，郝植恭《七十二泉记》中新收录金、明两代七十二名泉中未录的25名泉，其中的冷泉、当道泉、草泉、团圆泉（团泉）、麻批泉（麻泉）5泉亦属于白泉泉群。当代新评七十二名泉中，白泉泉群中的华泉和白泉榜上有名。

1997年版《济南市志》记载称，白泉泉群"有泉数十处"。除历史

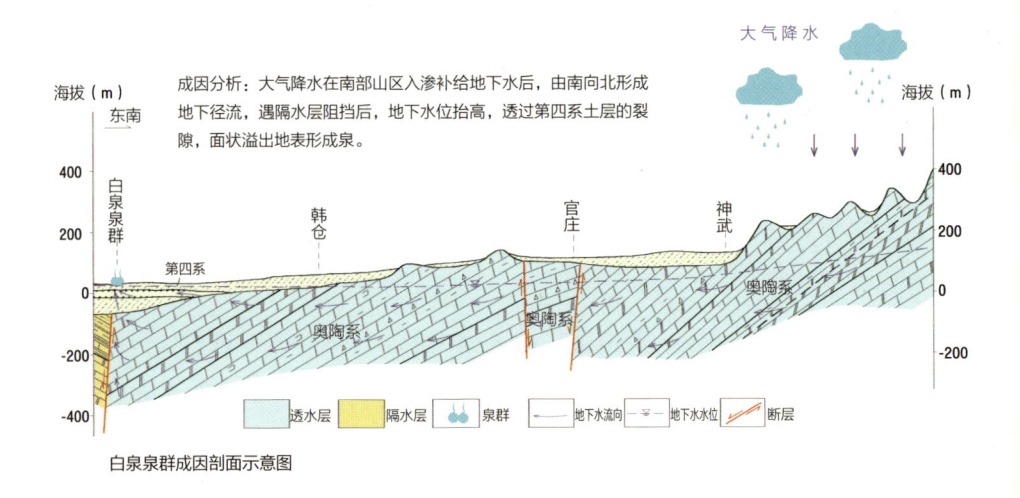

白泉泉群成因剖面示意图

上所载名泉外，该书所提及的白泉泉群新泉有柳冈泉、耿家泉、钊家泉、饮马泉、猪拱泉、灰泉、柳叶泉、丫丫葫芦泉和双宝泉等9泉。

2005年9月29日，《济南市名泉保护条例》颁布实施，该条例附件一《济南市名泉名录》共收录济南范围内645泉，其中，白泉泉群中的华泉、白泉、饮马泉、花泉、灰泉、丫丫葫芦泉、草泉、冷泉、团泉、麻泉、珍珠泉等11泉被收录。

2021年9月，《济南市新增305处名泉名录》对社会公布，白泉泉群中的新灰泉、漂泉、惠泉、漫泉、响泉等5泉被收录。

古往今来，白泉泉群中出现过华泉、白泉、花泉、灰包泉、草泉、当道泉、老母泉、冷泉、漂泉、惠泉、团泉、漫泉、麻泉、柳冈泉、耿家泉、钊家泉、饮马泉、猪拱泉、灰泉、柳叶泉、丫丫葫芦泉、双宝泉、珍珠泉、新灰泉、响泉等25泉，被列入名泉名录的有16泉。

从《水经注》的约略记载可知，古时，华泉形成的华水"北绝听渎二十里，注于济（向北越过听水二十里后，汇入济水）"，白野泉（白泉旧称）注入巨合水（巨野河旧称），巨合水最后也注入济水。南宋初年，伪齐刘豫开挖、疏浚听水和济水下游故道后，济北形成小清河与大清河分流入海之水系，白泉泉群诸泉形成的地表径流也相应发生了改变。明崇祯《历城县志》的相关记载及所附《历城县境北图》显示，济南城内一脉泉水辗转东北流后被称为小清河，其水自南而东绕过华不注山（此段为古华水，华泉之水当时沿途汇入），北流横穿小清河故道（古听水）后，注入大清河；花泉是张马泊（张马湖）的主水源，其水"流经耙道河，东北入沙河"，沙河再往北穿过小清故道，注入大清河；白泉在张马泊东单独形成一个很大的水面，其水北流后，"由曲家庄入坝子河"，坝子河穿过小清河故道后汇入遥墙河（巨野河下游河段），遥墙河最终注入大清河。白泉水域与张马泊之间为冷水沟，冷水沟西北为景阳湖，冷水沟之水北流后亦汇入坝子河。

清咸丰五年（1855），黄河改道，夺大清河入渤海后，沿线堤坝高筑，白泉泉群流域的径流改入小清河。因此，2013年版《济南泉水志》在记述白泉泉群水流去向时，表述如下："泉水自流成河，经孙家卫北入小清河。20世纪70年代后，由于兴建水厂及钻掘工业生产自备井，地下水被大量超采，致使该地区地下水位逐年下降，泉水衰竭严重，但在雨季或丰水年泉水仍有出流。"

值得一提的是，近年来，伴随着济钢工业区的搬迁及附近部分自备井的关停，白泉泉群地下水的开采大幅减少，地下水水位开始回升，现存诸泉的涌量相应增大。夏秋雨季，洼地、沟底常有无名泉自然出涌。2021年济南泉水普查时，在历城区王舍人街道杨北村（杨家屯北村）西北，新发现的响泉便是一例。此处原有人工打出的自流井一眼，在自流井旁的洼地中，则发现有自然出涌的无名泉一眼，当年9月，响泉被公布为济南市新增名泉（包括自流井和无名泉）。再如，2022年，在白泉泉池北岸，发现有汩汩冒水的沙泉出露，其水出流后向南流入白泉泉池。

自2023年起，白泉湿地公园的建设正式启动实施。未来，这里将成为一处展现济南泉水特色风貌的亮丽景区。

白泉

白泉位于历城区鲍山街道纸房村北约 150 米处。金《名泉碑》、明《七十二泉诗》、清《七十二泉记》和当代济南新七十二名泉均收录。2021 年 3 月，济南泉水普查发现，今白泉分为东、西二池。东池南北长 50 米，东西宽 22 米。西池东西长 68 米，南北宽 44 米。两池水域面积合计约 4000 平方米，常年有水，泉水自池底渗流而出，由西池西流后再北折，经白泉河注入小清河。

白泉地处平原，海拔仅 23 米左右，自古泉水水域面积广大，因池底

白泉　吕传泉摄

有白沙涌出，而得名"白泉"。据明崇祯《历城县志》载："白泉，王舍店东北五里，源广数亩，下灌稻田数十顷，由曲家庄入坝子河。"当时，白泉为坝子河之上源，坝子河汇入遥墙河，遥墙河汇入大清河。清乾隆《历城县志》载："白泉，出纸房庄北，方十亩，中有大泉，间数刻一发，声如隐雷，多涌白沙，故名。"该书认为，"白泉"即《水经注》所称"白野泉"。但民国《续修历城县志》通过辨析周边诸河之源流，认为白泉之外另有白野泉。

昔日在历城区王舍人庄以北，东起梁王庄，经冷水沟，西至张马、大辛庄、水坡，长约9公里、宽3公里的狭长地带，汇集着白泉、草泉、冷泉、漂泉、惠泉、漫泉、团泉、麻泉、当道泉、丁家泉、唐家泉、张家泉、李家泉、双保泉、丫丫葫芦泉、花泉、柳冈泉、钊家泉、耿家泉等数十泉，而白泉居于首位，所以当地老百姓形象地称其为"百泉"。1990年10月，山东省地矿局八〇一队提交了《山东省济南市白泉——武家水源地供水水文地质勘探报告》，报告中明确了白泉泉群及其泉域。

昔日白泉泉群一带是一片湿地，湖泊与水田交错，水美土肥，素有鱼米之利。由明崇祯《历城县志》记载可知，旧时不仅白泉是源广数亩的湖面，花泉所在的张马庄东侧也是泉广数宏的湖泊——张马泊，在张马泊北面、冷水沟西北，还有个景阳湖。至20世纪60年代，白泉周围方圆数十里都是稻田，有北国江南之风貌。明代大诗人李攀龙有《夏日袭生过白泉精舍索赠》诗传世，中有"白泉钟乳色，黄鸟窃脂声"之句。清代历城诗人陈永修《过白泉即景有感》诗中有"不见沧溟精舍开，名泉依旧水潆洄"之句。由以上诗句可知，李攀龙当年在白泉之畔建有"白泉精舍"，至清代，白泉精舍已无存。

作为白泉泉群之主泉，旧时白泉的喷涌量极大。原王舍人镇退休干部陈德庆生于1924年，他在2001年撰文称白泉是济南最大的泉眼。"我童年时曾去玩过几次，方圆十余亩地之大。其泉叫白泉的泉眼有三四间房子之大，翻滚沸腾，呼呼隆隆，像闷雷之声。有时下水摸鱼，人仰水面而水沸腾，都无下沉之感。即便水性不佳，也不必担心溺水。"2021年3月，纸房村爱泉人士张增良介绍说，白泉的主泉又称"大白泉"，俗称"三间屋"，也就是说，此泉有三间屋那么大，泉眼像个无底洞，周围白沙铺底，喷涌如注。他小时候和小伙伴们在此比赛扎猛子，很难扎得下去。有时候故意丢下一块砖头，都会被喷涌的泉水给顶回来。

20世纪70年代以来，伴随着济钢打深井、张马屯铁矿采矿截流、东郊水厂的建立，白泉水面逐渐缩小，泉水一度停涌，废为涝洼地。20世纪80年代中期，白泉一带曾挖成东西长百米的水塘，塘中可见泉水涌露。2003年前后，北滩头村村民承租了白泉水塘北侧区域，先是存放麦秸，后建养牛场，原白泉泉口处被占压，泉口南侧水塘内依然有泉水出涌。2021年3月，济南泉水普查时了解到，白泉北侧的养牛场业已歇业，整个白泉周边区域正规划建设白泉湿地公园，白泉及周边诸泉的美化、恢复指日可待。未来，这里将成为一处与济南火车东站相邻的泉水景观特色区域。

据1989年版《历城民间文学资料本2》记载，很早以前，白泉这里并没有泉水，只有一座光溜溜的小土山趴在荒地里。小土山下住着一个老妇，拉扯着两个儿子艰难生活。兄弟俩长大后，老二凭着一膀子力气，开出了一片茅草地，种上了谷子。老大不愿在这穷地方出力流汗，就外出谋生去了。他在外边结识了一些不三不四的朋友，吃喝嫖赌偷，无所不干。可他很孝顺，回家时会带些美味孝敬老娘。

有一天，老大刚从外头回来，一群官兵就闯了进来，把他抓走，发配到很远的地方去了。老妈妈想念儿子，整天站在土山上看啊盼啊，一年又一年，眼泪哭干了，头发盼白了，老大还是没回来。

一天，老二到集上去卖草，天很晚了还没回来，而天又下起了小雨。

白泉泉群、玉河泉泉群

白泉西池　雍坚摄

老妇披着蓑衣，摸索着爬到土山上，向远处的路上看着喊着。突然一声炸雷，雨就瓢泼似的下起来了。又是一声炸雷，山崩地裂，土山下沉，裂缝中涌出一股水，很快就积成了一洼水泊，还冲出了一条小河。

老二回来时，发现小土山没有了，老娘也不见了。他担心老娘，舍不得离开这里，就在泉北边盖了两间草房，把泉水引到地里，种上稻子，栽上白莲藕。说来也怪，这里长出的大米香，莲藕脆，到集上卖了大价钱。老二的日子越过越好。

四乡里的人见这里泉清水秀，就陆续搬到泉边居住和开荒，使这里成为远近闻名的鱼米之乡。再后来，被流放的老大回来了，打听到妈妈早已不在人世，又悔又恨，就在泉南边搭了间小屋住了下来。屋后的泉子时常会发出呼隆呼隆的响声，有人说这是老妇在喊儿子。

不知是哪年哪代，有位进京赶考的秀才路过这里，写下了"欲问何处水最甜，白发苍苍慈母泉"的诗句。后来，人们便把这泉称为"白泉"了。

灰泉·新灰泉

灰泉为白泉泉群中的名泉之一，旧时出水量很大，周边形成了面积广大的水域。关于灰泉的位置，现存文献记载有多种表述。1997年《济南市志》记载："灰泉在丫丫葫芦泉西北约300米，面积3000平方米左右。已夷为稻田，仍常年积水。"2013年版《济南泉水志》记载："位于历城区鲍山街道纸坊（房）村北……2011年8月泉水普查登记为失考。"2019年《白泉泉群生态治理及环境提升工程规划方案》中载："灰泉，在王舍人镇纸坊（房）村东北距白泉约500米处洼地中，积水，多生杂草。"

2021年济南泉水普查时，未找到灰泉。据了解，伴随着白泉湿地公园规划的实施，未来，灰泉将予以恢复。

新灰泉位于历城区鲍山街道北滩头村村南约2.5公里处，处于一所民房院落中，此地南距纸房村约1.5公里。2021年3月8日，济南泉水普查时发现，此新灰泉的泉池被砌筑成葫芦状，泉口位于东南角处的葫芦头中，此处用鹅卵石砌筑一道窄坝，泉水自窄坝下面的石缝中流入泉池，再经西北角的暗管排到院外。58岁的北滩头村党支部书记李卫东介绍说，夏天水大时，灰泉之水能从泉口漫过窄坝，直接流入池中。在灰泉泉池旁立有观赏石一块，上刻"灰泉"之泉名。观赏石下的黑石板上刻有灰泉简介："灰泉——位于白泉（济南七十二名泉之一）正北300米处，属白泉泉群八大泉之一。该泉喷涌时有灰白色细沙沉积泉底，样似火山灰，故称灰泉。"落款时间为2013年7月。

白泉泉群、玉河泉泉群

新灰泉　雍坚摄

丫丫葫芦泉·草泉

丫丫葫芦泉又名葫芦头泉、葫芦泉,位于历城区鲍山街道纸房村,白泉东北约300米处。因泉水水面呈丫丫葫芦形,故名。此泉不见于明、清、民国的历城地方志记载。1997年《济南市志》载有:"昔日,泉源奋涌,水深数米。今为面积约700平方米的自然洼坑,淤塞严重;平时积有浅水,旱时干涸,洼坑内长满苇草。"

2021年4月13日,济南泉水普查发现,丫丫葫芦泉出露于当地一

水盛时的丫丫葫芦泉　黄鹏摄

白泉泉群、玉河泉泉群

丫丫葫芦泉形成的水流　雍坚摄

南北向水沟中，目测此水沟总长 200 余米。沟底及沟沿遍生芦苇，泉水自沟底渗流而出，沿地势自南向北流淌。据济南市勘查测绘研究院工作人员现场测绘，丫丫葫芦泉海拔仅 23.46 米。纸房村爱泉人士张增良先生介绍说，由于泉源众多，纸房村周边的水沟中长有小草虾，每到夏天，很多村民以捞虾为野趣。当地有民谣称："纸房村，两头洼，大人孩子会捞虾。"

草泉位于历城区鲍山街道纸房村北侧，为白泉泉群中的历史名泉，清郝植恭将其列入《七十二泉记》。历史文献对草泉位置的记载有两种说法。第一种说法是位于"白泉之南"。如明崇祯《历城县志》、清乾隆《历城县志》、清道光《济南府志》和 1942 年《济南市山水古迹纪略》俱载："在白泉南，源广数亩，流经滩头，入坝子河。"第二种说法是位于"白泉以东"。如 1997 年《济南市志》记载："今当地百姓所称'草泉'，在白泉以东约 800 米。原为自然水坑，水极旺盛，深达二三米。现已淤塞。1975 年前后曾在泉源处打一机井，作灌溉之用，后因水量不足而废弃。"1998 年《济南名泉大观》记载："草泉在白泉东约 800 米处，原面积约 200 平方米，现即为农田，泉源处立有高出地面 1 米高的铁管，不见有水。"

2021 年 4 月济南泉水普查时，未找到此泉所在具体位置。据了解，伴随着白泉湿地公园规划的实施，未来，草泉将予以恢复。

白泉泉群、玉河泉泉群

团泉·麻泉

　　团泉位于历城区鲍山街道纸房村北的白泉西侧，东距白泉泉池五六十米，是白泉泉群中的历史名泉。清郝植恭将其列入《七十二泉记》，称"团圆泉"，民国《历城县乡土调查录》沿用了这种称呼。

　　明崇祯《历城县志》、清康熙《济南府志》、清乾隆《历城县志》、清道光《济南府志》和1942年《济南市山水古迹纪略》俱载："团泉，

团泉　雍坚摄

在白泉西，流入滩头。"关于团泉之名有何出处，历来方志文献缺载。清乾隆《历城县志》又载："团泉，一名漂泉。"1997年《济南市志》记载："已湮失。"2021年济南泉水普查发现，团泉泉池为椭圆形水塘，面积约100平方米，池水不深，池中遍生蒲草和芦苇，泉池周边有数株自然生长的柳树和杨树。泉水自水塘西侧缺口流出，沿水沟向北流去，最终流入小清河。

麻泉位于历城区鲍山街道纸房村北白泉附近，是白泉泉群中的历史名泉。1998年《济南名泉大观》认为，麻泉即清郝植恭列入《七十二泉记》的"麻批泉"（此说与清乾隆《历城县志》记载不合，该书记载"漫泉，一名麻披泉"）。历史文献对麻泉位置的记载有两种说法。第一种说法是位于"白泉北"，如明崇祯《历城县志》、清乾隆《历城县志》、清道光《济南府志》和1942年《济南市山水古迹纪略》俱载："麻泉，在白泉北，流入滩头。"第二种说法是位于"纸坊村西南"，如1997年《济南市志》记载："麻泉在纸房村西南约500米，济南市东郊自来水厂东邻……今已湮于农田。"

2021年济南泉水普查时，未找到此泉所在具体位置。据了解，伴随着白泉湿地公园规划的实施，未来，麻泉将予以恢复。

冷泉·漂泉

　　冷泉位于历城区鲍山街道纸房村北白泉附近，清郝植恭将其列入《七十二泉记》。对于冷泉的位置，历史记载比较一致。明崇祯《历城县志》、清乾隆《历城县志》、清道光《济南府志》和1942年《济南市山水古迹纪略》俱载："在白泉南，流入滩头。"乾隆《历城县志》又载："（白泉）旁有冷泉、漫泉。"

　　1997年《济南市志》载："今已湮于农田。"1998年《济南名泉大观》亦载："猪拱、当道、草泉、冷泉、漫泉、漂泉、惠泉、团泉、麻泉均湮于农田，不见踪迹。"2021年4月济南泉水普查时，因白泉周边

漂泉　雍坚摄

漂泉边打水的居民络绎不绝　雍坚摄

渣土横陈、无路可走，未能找寻到冷泉。据了解，伴随着白泉湿地公园规划的实施，未来，冷泉将予以恢复。

漂泉位于历城区鲍山街道白泉东侧，为济南历史名泉。明崇祯《历城县志》、清乾隆《历城县志》、清康熙《济南府志》和清道光《济南府志》对其俱有记载，称漂泉"在白泉东，发源迅疾，流经曲家庄，入遥墙河"。1997年《济南市志》称漂泉"已湮失"。

2021年4月济南泉水普查发现，在白泉东70米、水厂路东边立有"鲍山白泉便民取水点"石碑，石碑东侧水沟中，有水泥砌筑的井栏，井栏内是一口人工竖井，竖井中有清澈的泉水，常年自流上涌，通过两个出水管哗哗排出，来此打水的居民络绎不绝。据了解，此自流井乃20世纪50年代人工打井形成的自流井，它与历史记载中的漂泉位置相近，当代被定名为"漂泉"。家住附近的梁四村村民李秋生回忆说："据说这个井是苏联专家帮忙打的，最初喷水十来米高。我小的时候，泉水还能上涌三四米。当时井口处修有一个两人多高的水楼子，泉水涌上去再引下来。"

漫泉·惠泉

两泉均位于历城区鲍山街道纸房村村南滩头水厂内，为南北相邻的两个大泉池。漫泉居北，泉池南北长31.58米，东西宽17.34米，为青石砌筑。泉水出露形态为渗流，池水呈墨绿色，水面距池岸不足1米。惠泉居南，南北长42.70米，东西宽18.26米，泉水出露形态为渗流，池中生有芦苇。据了解，2016年济南东站规划兴建时，高铁线原拟途经漫泉和惠泉，为保护泉源，高铁线路向南平移了100米，避免了占压漫泉和惠泉的泉池。

漫泉和惠泉均为济南历史名泉，明崇祯《历城县志》、清康熙《济南府志》、清乾隆《历城县志》和清道光《济南府志》俱载此二泉。旧时惠泉"在白泉南，流与冷泉合"，而漫泉"在冷泉西南，流入滩头"。纸房村一带旧时为富饶的鱼米之乡。惠泉之"惠"，取泉水惠及一方百姓之意；漫泉之"漫"，则有泉水旺盛、漫没田地之意。1997年《济南市志》记载："昔日漫泉之水几与麻泉相连，故乾隆《历城县志》载'漫泉，一名麻披泉'。"清郝植恭《七十二泉记》中亦收录了"麻批泉"。据此可说，漫泉（麻批泉）乃清代济南七十二名泉之一。

漫泉·惠泉

惠泉　雍坚摄

漫泉　雍坚摄

花泉

花泉位于历城区王舍人街道陈家张马东村东北隅，双龙桥东三四十米处，乃金《名泉碑》和清《七十二泉记》均有收录之历史名泉。清乾隆《历城县志》载："在张马泊，泉源数泓，周广数亩，一方水利所关，流经耙道河，东北入沙河。"又载："耙道河，源出张马泊花泉。"该泉因10余处泉眼聚集，竞相喷涌，水面波纹激荡，状若花朵盛开而得名。昔日泉源旺盛，水势很大，与附近的钊家泉、柳冈泉、耿家泉相汇，在

花泉旧址附近河道中的泉流　黄鹏摄

附近形成"张马泊"。泉畔原有双龙桥，古为济南通往遥墙的交通要道。

清道光十九年（1839）《重修双龙桥碑记》记载，当时花泉已融于藕池中。1970年以前，尚可见池底涌泉。后因附近张马屯铁矿的开掘，张马泊水面变小，附近改为稻田、菜地。张马大米曾经远近闻名，一直种植到20世纪80年代。1993年在桥东辟建鱼塘，花泉遂没于塘内。后因东郊水厂投用，当地地下水位下降，鱼塘难以维持。20世纪90年代中后期，鱼塘改为水泥厂，盖厂房时将花泉泉口处填埋。

2021年济南泉水普查时，陈家张马东村赵洪军、赵建强两人介绍说，在建鱼塘之前，花泉出涌时哗哗作响，还泛着水花，所以被称为"花泉"。花泉被水泥厂填埋后，每逢雨季水大时，附近还能看到出水点。3年前，村里挑挖水泥厂西侧水沟时，墙根下仍见往外冒水。此水沟东侧，即为花泉泉口旧址。

当道泉·柳叶泉·猪拱泉

当道泉原位于历城区鲍山街道西梁王庄北。明崇祯《历城县志》载："当道泉，梁家庄北，源流深长，可资水利，流入坝子河。"清郝植恭《七十二泉记》将其收录："泉有以地名者：曰'当道'，横其路也。"1997年版《济南市志》记载："泉池甚广，可垂钓，泉畔建有钓鱼台寺。解放前，寺已毁。20世纪50年代末，泉池日渐淤塞，以至沦为稻田。"

柳叶泉原位于历城区鲍山街道西梁王庄北。清道光《济南府志》有载。1997年版《济南市志》记载："柳叶泉在当道泉北，广约300平方米。20世纪50年代末淤塞，沦为稻田。"

猪拱泉原位于历城区鲍山街道南滩头村。1997年版《济南市志》记载："在王舍人镇南滩头村西南田间，无砌垒泉池。由于地下径流上源的大量开采，此泉已成季节性泉。旱季干涸，雨季出露，平时周围土壤湿润。"2013年版《济南泉水志》记载："20世纪末，村中开发建设时填埋。"

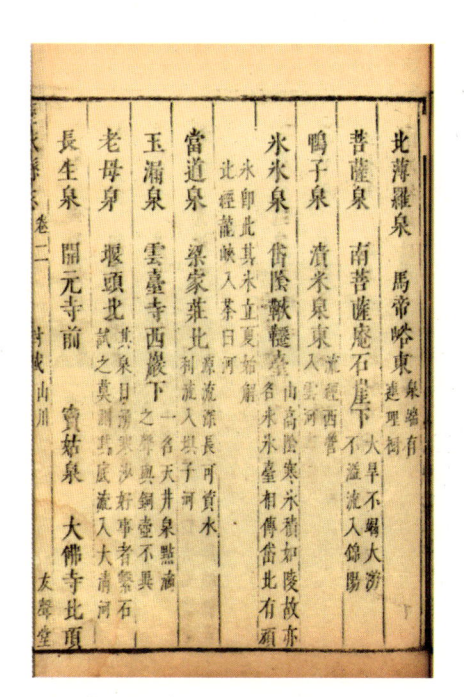

明崇祯《历城县志》中对当道泉的记载

双宝泉

双宝泉原位于历城区王舍人街道冷水沟村西南约1公里处的稻田间。1997年版《济南市志》记载："在王舍人镇冷水沟村西南约1公里处的田间。为东西相距百米左右的两泉，皆常年积水。西侧之泉水深，植有荷莲；东侧之泉水浅，呈沼泽状，苇草茂盛。"

2011年济南泉水普查时，双宝泉尚在，泉水出露形态为渗流，常年不竭，积水成池。2021年济南泉水普查时，此泉原址被渣土覆盖。2024年2月复查此泉时，再次确定此泉业已失迷。据冷水沟村原党支部书记刘春财介绍，双宝泉的名称由来不详，他小时候就知道此泉名。泉口处有一个直径3米左右的水池。双宝泉所处之地历史上是沼泽，草炭积攒得很厚，因此泉水中富含腐殖酸，曾有村民冬天在泉口处发海参。

冷水沟村地处白泉泉群核心区域，历史上水源丰富，为鱼米之乡。神通寺传世碑刻《通理妙明禅师淳愚长老云公碑铭》记载，元至元十三年（1276），德云法师曾"于府治东冷水沟置水田四十余亩"。明崇祯《历城县志》记载，冷水沟西北为景阳湖，双宝泉旧址当在古景阳湖南侧。另据了解，双宝泉周边形成的水域，当地人过去俗称"西湖""啰嗦湖"。

响泉

响泉位于历城区王舍人街道杨北村（杨家屯北村）西北，响泉路路南，为人工打出的自流井。该泉一年四季出水，通过水管排入响泉路旁边的跃进河。因出流旺盛，水声较响，被当地群众称为"响泉"。1997年版《济南市志》、2013年版《济南泉水志》均不见此泉记载。

2021年3月济南泉水普查发现，响泉位于杨北村西约500米处，井口距离响泉路有十来米，泉水通过一根目测直径0.3米的塑料管排入路

响泉　雍坚摄

南的水沟中。由于水管是悬空的，泉水出流后激起哗哗的水声。推着水桶、端着衣服前来取水的村民三三两两。"响泉是 20 多年前村里打井打出来的。当时打了 200 多米，泉水就自动流出来了。一般夏秋水流较大，能达到半管，冬春季节，流量要小很多。响泉是天然的矿泉水，当地人至今习惯到这里打水喝。"72 岁的杨北村村民薛兴隆介绍说，"响泉前的这条水沟叫跃进河，是从裴家营那边挖过来的。泉水往下经大水坡村排入小清河。"

令人喜出望外的是，在响泉西侧十来米处，还有一眼泛着水花、自然出露的无名泉。泉口处形成一个面积不大的水洼，深约 30 厘米。泉水溢出后，沿着自然水道排入北侧的跃进河。从水洼周边随意铺垫的砖头石块看，过去来此取水的人应该也不少。薛兴隆老人说，这种泉子是自然冒出来的，没有名字。过去，这儿有很多这种野泉子，尤其是夏天。

| 白泉泉群、玉河泉泉群

饮马泉

  饮马泉位于历城区王舍人街道黄台电厂北侧、裕富居小区东侧。此处地处大辛庄西北，原属大辛庄村，现为山东省农业科学院试验田。饮马泉泉池原为不规则的天然水塘，常年不涸，泉水多用来灌溉农田。2021年3月8日济南泉水普查时发现，今泉池为东西宽46米、南北长50米的方形泉池，自然石驳岸。泉池西北角种有莲藕，岸边有野生芦苇和蒲草。池水泛绿，中有野鸭游弋。

饮马泉　雍坚摄

饮马泉旧称"曹操饮马泉",此名见于 20 世纪 70 年代地图标注,在当地广为流传。据记载,泉名源自一个民间传说。相传三国时代,曹操率军退至历城,因人困马乏、饥渴难耐而陷入绝境。曹操坐靠青石休息时,突然感觉身下潮湿,起身一看,见一股清泉涌出。曹操大喜,刚想伏身饮水,不料他的坐骑竟抢先将泉水喝干。曹操大怒,正要扬鞭笞马,只见泉水复涌而出,片刻便成一水洼。曹军喝了泉水,士气大振,曹操遂挥刀在泉旁青石上刻下"饮马泉"三个大字。

珍珠泉

珍珠泉位于历城区郭店街道山前村北、虞山东南坡。今泉池为一个石砌敞口形长方池,四周为斜坡状堤岸,每面呈梯形。泉池外口长48米,宽35米,底部的内口长31米,宽17米。2021年3月8日济南泉水普查时,池底为一个不规则天然石坑,坑内水色泛绿,坑边长有芦苇。据介绍,珍珠泉终年不涸,平时积水1~2米。盛水季节,泉水上溢可没过坑沿,水深可达3米左右。

虞山为地处平原的一座孤山,海拔仅百米许。旧时,山上建有圣母

珍珠泉　雍坚摄

祠（泰山行宫），每年农历三月举行为期4天的庙会,远近香客、游人如云。

清乾隆《历城县志》载:"康熙四十四年（1705）大雨,有泉出于山巅,至今不涸,土人名之曰'神应泉'。"后来,此泉衍称为"双龙泉",因位于白龙石、黑龙石之间而得名。民初《续修历城县志》载:"双龙泉,在虞山白龙石、黑龙石之间,一泓澄澈,岁亢旱不涸,祷雨辄应。前志载'神应泉',疑即此泉。"

华泉

华泉位于历城区华山街道华山历史文化湿地公园内的华阳宫前，因背靠华不注山（华山）而得名。泉池为石砌长方形，长 17.6 米，宽 10 米，深 3.5 米。泉水自黏土中渗流而出，流入南侧华山湖。

华泉是最早见于中国古代文献记载的济南名泉之一，也是济南唯一一处名称延续 2600 多年而未变的历史名泉。《左传》在记述鲁成公二年（前 589）的"鞌之战"时，最早提及华泉。当时，齐、晋两国会战于鞌（今济南北马鞍山），齐军大意轻敌，本想灭掉晋军再用早饭（成

华泉　黄鹏摄

语"灭此朝食"由此诞生），结果却吃了败仗，被迫东撤。晋军一路追赶，齐军被迫围着华不注山转了三圈（"三周华不注"）。面对危急的形势，齐大夫逢丑父急中生智，他假扮齐顷公，让齐顷公装作去华泉取水（"如华泉取饮"）而借机逃脱。自此，华泉以"齐顷公取饮处"而载入史册。

千百年来，数不清的文人墨客在诗文中吟咏和记述华泉。如北宋文学家曾巩有《华不注山》诗："高标特起青云近，壮士三周战气酣。丑父遗忠无处问，空余一掬野泉甘。"明"前七子"之一的边贡，嘉靖年间官至户部尚书，后辞官回乡，在华泉畔建一田庄隐居，名"东村"，而自号华泉。边贡在此居住3年，写下了大量诗文，其合集辑成《边华泉集》。清代学者全祖望在《游华不注记》一文中，记述了他在雍正九年（1731）七月游华山时，"沙门汲华泉，至拾乱薪烹之"的所见所闻。清代学者阮元在《小沧浪笔谈》记有："华不注山下泉源灌注，陂池交属，荷稻之利，村民赖之。"

历史上华泉经历了喷涌、淤塞、复涌，再淤塞、再复涌的曲折过程。北魏时期，华不注"山下有华泉"（见郦道元《水经注》）。唐朝时，华泉是个"方圆百步"、深不可测的大水塘（见段成式《酉阳杂俎》）。明末，华泉一度干涸。明崇祯《历乘》中记有："华泉，华不注山下，昔逢丑父令齐顷公取水于斯，今竭。"明崇祯《历城县志》则将其归为"古迹废泉"，因为"泉源淤塞不流"。到了清中晚期的记载中，它又变成了一口泉井。清道光《济南金石志》记有"嘉庆十九年华泉石刻。按：此刻正书，在华不注山下泉井上"。民国时期，华泉又一度枯竭。1941年《济南名胜古迹辑略》记载华泉"今已涸矣"。1997年版《济南市志》载有"如今华泉又淤塞，其迹难辨"。

或许是由于华泉的出涌时断时续，济南第一个七十二泉版本——金《名泉碑》并未将其收入。元代地理学家于钦在《齐乘》中转述金《名泉碑》

| 白泉泉群、玉河泉泉群

华泉　雍坚摄

时，曾对此愤愤不平："然远至中宫灵岩诸泉俱载，而华不注之华泉、明水镇之净明泉皆失不取，况其名亦未甚雅称，盖残金俗笔。"明初，晏璧作《七十二泉诗》，诗名中虽未有"华泉"，但其所写《芙蓉泉》一诗，从内容看却是描写的华泉——"鹊华紫翠削芙蓉，山下流泉石涧通。朵朵红妆照清水，秋江寂寞起西风。"2000年底，济南市名泉办与历城区园林局在华阳宫前进行清淤挖掘，使华泉重见天日。此次挖掘新发现两处泉眼，并砌筑了泉池。2004年，经评审，济南市确定济南新七十二泉名单，华泉跻身其中。2017年10月起，华山历史文化湿地公园启动华山湖开挖工程，2021年实现湖水环绕华山，地处华山湖与华山之间的华泉，成为点缀其间的一颗明珠。

　　地处华不注山脚的华泉并非该山的独泉，今华不注山半山腰吕公祠处还有一眼未列入名泉名录的无名泉。据1997年版《济南市志》记载，此无名泉"澄澈甘美，盛水季节有清流外溢"。

灰包泉·老母泉

灰包泉为当代失考的济南历史名泉，明崇祯、清乾隆《历城县志》和清康熙、道光《济南府志》均有记载。1997年版《济南市志》和2013年版《济南泉水志》亦有记载。

明崇祯《历城县志》记载："灰包泉，韩家店东北。流经闸口西，入小清河。"又载"韩家店黄台东北，西北陈家庄，东北菜园、洪家园"，"韩家店闸城东北十二里。成化间开浚小清河创设此闸，以候蓄泄"。清乾隆《历城县志》记载："还乡店，旧志韩家店，在黄台东北。"据上述记载可知，灰包泉旧址在今历城区华山街道还乡店（韩家店），此处位于华不注山东南，小清河经此流过，河上设有韩家店闸，灰包泉位于闸口西侧，其水出流后注入小清河。

老母泉为当代失考的济南历史名泉，明崇祯、清乾隆《历城县志》和清康熙、道光《济南府志》均有记载。1997年版《济南市志》和2013年版《济南泉水志》亦有记载。

明崇祯《历城县志》记载："老母泉堰头北。其泉日涌寒沙，好事者系石试之，莫测其底。流入大清河。"清康熙中前期绘制的《济南府舆图》中，在华不注山东北、大清河南岸标有"老母泉"。该图于济南城东北区域，只标注了白泉、花泉和老母泉，可见老母泉当年水量之盛。

南宋初年，伪齐王刘豫在华山北筑"下泺堰"，将发源于济南诸泉注入大清河的泺水，向东导流引入济水故渠（小清河），水大时则溢入

| 白泉泉群、玉河泉泉群

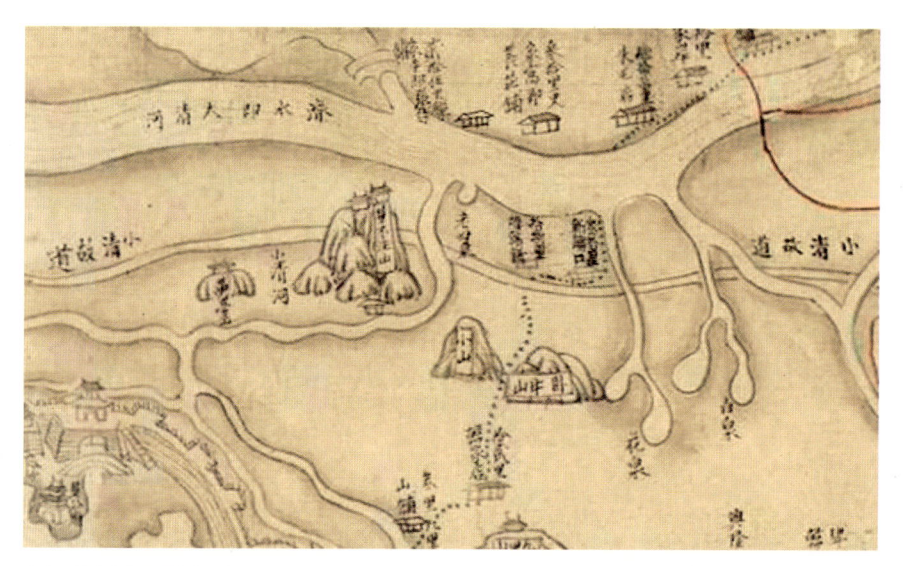

清康熙《济南府舆图》中标有老母泉

大清河。堰头之地名，即源自下泺堰。明清方志中的"堰头"，延续至今，即今历城区荷花路街道堰头村。

玉河泉泉群

玉河泉泉群概述

2004年4月2日,由济南名泉研究会、济南市名泉保护管理办公室组织进行的济南新七十二名泉评审结果揭晓,同时还公布了新划出的郊区六大泉群,这样就有了济南十大泉群的划分,分别是:趵突泉泉群、黑虎泉泉群、珍珠泉泉群、五龙潭泉群、白泉泉群、涌泉泉群、玉河泉泉群、百脉泉泉群、袈裟泉泉群、洪范池泉群。

这是玉河泉泉群首次被正式提出。玉河泉泉群位于济南东巨野河流域的中上游,属山地泉群,泉点散布于历城区彩石街道、港沟街道和高新区章锦街道、巨野河街道一带,部分泉水为季节性出涌。

2005年9月29日,《济南市名泉保护条例》颁布实施,该条例附件一《济南市名泉名录》共收录济南范围内645泉,玉河泉泉群中有54泉被收录,其中,港沟街道有玉漏泉等9泉,彩石街道有玉河泉等43泉,章锦街道有淌豆泉1泉,巨野河街道有双乳泉1泉。

2013年版《济南泉水志》记载:"玉河泉泉群共有泉池68处。"此68泉,当指已列入名泉名录的54泉和尚未列入名录的14泉。

2021年9月,《济南市新增305处名泉名录》对社会公布,玉河泉泉群中有九龙口泉、老泉子、堰泉、小湾子泉、南泉、英雄泉、马蹄泉、青龙泉等8泉被收录,其中,九龙口泉和老泉子两泉位于港沟街道,其余6泉位于彩石街道。

至此,玉河泉泉群中共有62泉列入济南市名泉名录。此泉群的名泉主要分为两类。第一类名泉是寺庵旧址内历史上长期被僧尼、信众使用之泉。如位于章锦街道伙路村南淌豆寺山门外的淌豆泉（旧称"倘豆泉"），明崇祯《历城县志》已有记载，淌豆寺古称"塘头寺"，寺前旧有唐开元九年（721）墓塔，据此可推测，淌豆泉的使用时间已有1400多年。再如，位于港沟街道芦南村天井峪中的云台寺，始建于元代，寺内崖壁下的玉漏泉（又名"天井泉""玉露泉"）由来已久。虽然纸质文献记载语焉不详，但泉旁崖壁上镌有隋开皇八年（588）题记，内有"陈颢出得此井，刊名此记，使令故知之"等记载。据此可知，此地有人类活动最迟不晚于隋代，而陈颢所得之井，应该就是早期贮存玉漏泉水之井。据陈明超先生考证，此题记堪称是现存最早与泉水相关的摩崖题记。再如港沟街道郭家村西南的乡义寺中有东流泉（南山泉）和西天神泉，东流泉崖壁上有北朝摩崖石刻，虽已漫漶不清，但隐约可见"北齐武平"字迹。

玉河泉泉群中的第二类名泉，是古人临泉而居、赖以为生的生活水源。正是由于它们的存在，才逐渐形成了泉水周边的古村落。因为泉水

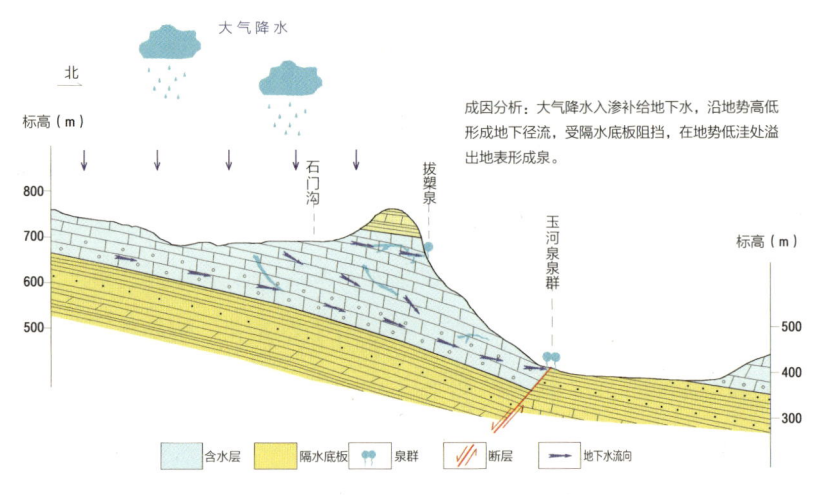

玉河泉泉群成因剖面示意图

具有重要的地标意义,村因泉名的情况十分普遍,如彩石街道有玉河泉村、东泉村、南泉村、黄路泉村、康泉村、井子峪村、虎门村、三泉峪村、石瓮村、黄歇村、断岩村等10余村,村名与泉名相同。

今玉河泉泉群诸泉汇流后,主要沿巨野河、韩仓河北流,注入小清河。古代,韩仓河属巨野河支流,因其水下游即坝子河,而坝子河注入遥墙河(巨野河下游河段)。玉河泉泉群的首泉——玉河泉,元代称"榆科泉",为巨野河(古称巨合水、巨冶河)的源头泉水之一。同期出现的名泉还有位于港沟街道坞东村北的滴水泉(清水泉),见于金《名泉碑》,后又被明晏璧《七十二泉诗》以"清水泉"名称著录,是金、明两代"七十二名泉",地位显赫。

晏璧《七十二泉诗》中所著录的"双女泉"和"胡桃泉"也位于玉河泉泉群。双女泉的位置在明崇祯《历城县志》和清道光《济南府志》中有载,称"在西务西坡"。西务乃今港沟街道坞东、坞西二村古时的统称,经调查当地已无人知晓此泉。胡桃泉的位置在明崇祯《历城县志》和清道光《济南府志》中有载,称"在猪头岭北"。据乾隆《历城县志》记载,"猪头岭在大涧岭西",此地名延续至今,在港沟街道里子村南,但胡桃泉在当地已失考。

清郝植恭《七十二泉记》所著录的响泉,未言明具体位置。2006年版《齐鲁揽胜》一书认为,此响泉位于玉河泉泉群(今彩石街道西捎近村河边东南、石泉山谷内有响泉)。考明崇祯《历城县志》、清乾隆《历城县志》所载响泉,均位于"交战顶西谷中",而交战顶(岭)在南山管委会柳埠街道亓城峪,故玉河泉泉群中的响泉,恐非《七十二泉记》中所著录之响泉。

2004年4月2日,济南名泉研究会向社会公布的济南新七十二名泉中,玉河泉群中只有玉河泉入选,在同时公布的济南十大泉群中是入选名泉

白泉泉群、玉河泉泉群

最少的。虽然名泉文献记载偏少，文化底蕴相对薄弱，但玉河泉泉群中不乏自然景观壮观、喷涌状态奇绝之泉，如彩石街道玉河泉村的响呼噜泉、万粮峪村的龙脉泉（又称"下雨泉"）和岔峪村的黑虎泉，它们在夏秋雨季出涌时，水量巨大，气势如虹，近20年来，被网友们誉为打卡必看之泉。以龙脉泉为例，该泉出涌最旺时，水头自河谷中平地拔起一尺多高，堪称是除趵突泉外，济南范围内自然喷涌最高之泉。

玉河泉

玉河泉位于历城区彩石街道玉河泉村内河道底部右侧,是玉河泉泉群首泉,为当代济南新七十二名泉之一。泉池为青石垒砌的长方池,长1.7米,宽1.2米,泉池外两面修有石头围栏,紧靠路基的石板上刻有"玉河泉"三个大字。玉河泉之水自岩孔涌出,出露形态为涌状,一年四季长流不歇。

为方便村民取水,自路面到泉池修有石阶路。泉池内泉水清澈,夏秋季节,河道上游山水顺势而下,与玉河泉及周围的响呼噜泉、牛头泉、晴天泉、门口泉、院内泉、西老泉(龙泉)和东老泉等诸泉相汇合,北流入巨野河。湍急的水流穿街过户,水声哗哗作响,景况尤为壮观。玉河泉周边的河道里泉水冰凉,附近村民在酷暑时节常常来此冰镇西瓜和啤酒,简直成了一个天然冰箱。

玉河泉古称"榆科泉",为元代即有记载之名泉,古为巨野河(古称"巨合水""巨冶河")的源头泉之一。元代历史及地理学家于钦在其所著《齐乘》中记载:"巨合水出(龙山)镇南五十里,曰榆科泉。"在民国之前,今历城区彩石街道地属章丘县。清道光《章丘县志》记载:"榆科泉,在县西南七十余里,榆科东南,泉源竞发,入巨合。"1912年《济南府章丘县自治区域图》上,对玉河泉的标注为"榆可泉"。1927年成书的《清史稿》记载:"(巨合水)经榆科泉庄,及武源、关卢水。入历城,注新小清河。"1982年《山东省济南市历城县地名志(送审资料稿)》记载:"玉河泉(村),位于(大龙堂)公社

▌白泉泉群、玉河泉泉群

玉河泉　李华文摄

玉河泉所在的河道里泉水激荡　雍坚摄

驻地南9公里，南邻西营公社境和跑马岭。80户，360人，耕地380亩。清光绪年间，毕姓由章丘县毕家庄迁此定居。原称'鱼河泉'，因村南河中多金鱼，河源为泉，故名。后泉断河干鱼没，便沿称为玉河泉。"

综合以上文献记载可知，玉河泉历史上曾有榆科泉、榆可泉、鱼河泉等旧称。似因"榆科""榆可""鱼河"与"玉河"读音相近，最后便衍变为"玉河"二字。至于何时改称玉河泉，未见文献有确切记述。1947年《山东省历城县西营地形图》上，业已标注"玉河泉"之村名。由此推测，最晚在20世纪40年代，已出现"玉河泉"之泉名。

2004年4月，因出流旺盛、历史悠久，玉河泉被公布为济南新七十二名泉之一。

老玉河泉

老玉河泉位于历城区彩石街道玉河泉村东老泉西 100 米处小河沟内。泉水从一个雕刻的龙头流出,背后的石头上刻着"龙泉"二字。旁边还有一块书本造型的石刻,上刻一首小诗:"清漪甘美味非常,此清嘉泉龙脉长。春不盈兮秋不涸,龙泉美名天下扬。"

2021 年 3 月济南泉水普查时,58 岁的玉河泉村村委委员毕玉利介绍,"龙泉"是新取的名字。它其实和小河沟对面的玉河泉属于一个泉脉。为了相区别,此泉眼被称为"老玉河泉"。2022 年 10 月,家住玉河泉

老玉河泉　黄鹏摄

老玉河泉　黄鹏摄

附近的 85 岁村民王老太太介绍说，龙泉只是玉河泉的出水口，并不是从河底流出来的天然泉水。大约 30 年前，村里人对玉河泉进行了改造，在泉池底部下了管道，将玉河泉的水引到河底，使泉水从河对岸的龙头流出，还同时修建了河边栏杆。她的丈夫毕德玉当年曾参加玉河泉的改造施工。

今在村内同一条河旁，还有许多山泉，雨季开泉，奔腾下泻，北流入狼猫山水库。

响呼噜泉

响呼噜泉位于历城区彩石街道玉河泉村村西、巨野河支流河沟南侧崖壁之下。因雨季泉水出流时呼噜呼噜作响，故名"响呼噜泉"，又称"呼噜泉"。

此泉外观为方口井形，井口长 0.5 米，宽 0.4 米，井深 4 米，水井内壁用石头垒砌，外围砌有三面石栏。泉井旁的悬崖直如刀削，石壁上刻着"响呼噜泉"四个大字。靠近崖壁的石栏上嵌有一块村碑，上刻有几行诗文，记述了该泉名称的由来："北魏郦道元，观水到此泉。耳听呼

响呼噜泉　雍坚摄

白泉泉群、玉河泉泉群

响呼噜泉　黄鹏摄

噜声，品尝水甘甜。目睹情与状，出自大自然。历史有记载，名曰呼噜泉。"据考证，郦道元所著《水经注》中，并无"呼噜泉"之记载。

2021年3月济南泉水普查时，玉河泉村村委委员毕玉利介绍说，这个泉常年有水，一般只有夏天才会外溢。雨水丰沛时，泉水水头冒出来有1米高，就像趵突泉一样喷涌，流出来的泉水最终汇入巨野河。现在村民仍吃这个泉的泉水，泉井里有水管引出，一直通到村民家里。

白泉泉群、玉河泉泉群

东泉

　　东泉位于历城区彩石街道玉河泉村幸福路一户村民家外墙之下。该泉砌有一个长 1.4 米、宽 0.8 米的长方形水池，用石头垒砌，池中泉水清澈见底，四周围了大约 1 米高的木栅栏，南侧的一面栅栏可以拉开取水。该泉四季常流，春天仍能听见汩汩的流水声。

　　早年，此泉叫"饮马东泉"。相传，李世民东征在此歇息，人马饥渴难耐，遂命人寻找水源。只听泉水声汩汩作响，士兵追寻发现一清泉从石壁下流出，水击彩石，溅起浪花无数，然后隐入草丛中，流入山谷。

东泉全景　李震富隆摄

东泉泉池　郭学军摄

于是，李世民在此饮马。因之前已经有一处"饮马南泉"，遂命此泉为"饮马东泉"，后简称为"东泉"。为区别于附近东泉村的东泉，又称"东老泉"。

玉河泉村村委委员毕玉利就住在泉池东边。他说，这个泉的泉水是村里最好喝的，甘甜清爽，从不断流，即使大旱也有水。以前没有自来水时，全村人都来这里打水，附近村子的村民也来这里取水吃。直到2019年村里打了机井，安装上了自来水管，才不来此取水了。

另外，在东泉西侧的玉河泉村56号农家院内有一个常年有水的泉子，名叫"院内泉"。泉池为水泥修筑，长1.36米，宽0.53米。此泉未列入名泉名录，2013年版《济南泉水志》有载。

黄路泉

黄路泉位于历城区彩石街道黄路泉村东北、东大湾一侧的山坡地中。泉北边有一道土岗，80多米长，四五米高。为防止土岗滑坡，底部有个近1米半高的石堰。泉池为石砌长方井形，井口长1.2米，宽0.56米，深10米，久旱不涸。

据1982年《山东省历城县地名志（征求意见稿）》记载："明万历年间，李姓由直隶枣强迁此定居。相传，因路边有棵黄楝树，树处又有

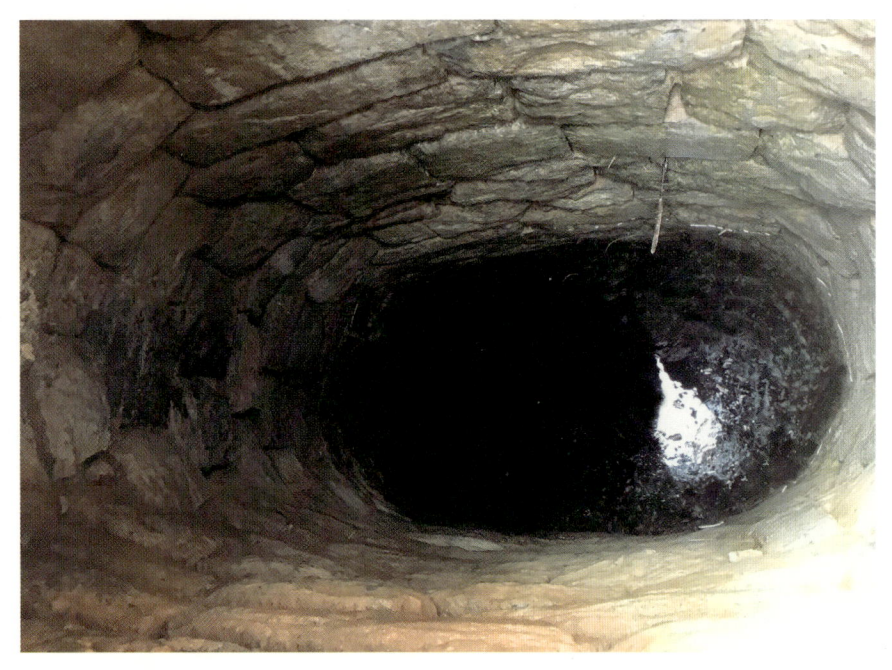

黄路泉井口　李震富隆摄

黄路泉旁边的碑刻　李震富隆摄

一清泉,故名黄路泉。"今黄路泉泉井为20世纪60年代于黄路泉村古泉旧址下挖掘砌筑而成,泉水曾供给全村人生活取用。在靠近泉边的石堰当中,嵌有一方"光荣榜"石刻,把当年为水利建设做过贡献的人的姓名刻上以示表彰,歌颂他们报效祖国、建设家乡的豪情。目前碑文已经字迹漫漶、难以辨认,仅能隐约看出"光荣榜""鱼米之乡""祖国""理想"等词语。2021年3月济南泉水普查时,黄路泉村党支部书记田大江介绍说,20世纪90年代,黄路泉村打了机井后,人们才不再从黄路泉打水饮用,但附近村民还利用此泉水进行灌溉和生活杂用。

饮马泉

饮马泉位于历城区彩石街道东泉村村中河道西南侧。泉水自岩石缝隙流出，汇入凿石而成的长方池，池长1.1米，宽0.8米，久旱不涸。雨季，泉水出涌旺盛，漫过泉池后流入河道。在饮马泉东侧的岩石上，有"饮马泉"三字石刻。东泉村两委委员高芳介绍说，因泉水地理位置特殊，泉水不作农业灌溉及村民生活杂用。

饮马泉西北为九峰桥，桥旁立有1919年所立的倡建九峰桥碑，上有"盖水为山之血脉，山无水则崩。桥为水之津梁，水无桥则山路阻。故山与水相连，盖桥与水相纵横矣。是村南接九顶山，北枕五峰岭，左襟佛堂峪，右跨饮马泉"之记载。据此可知，百年前，已有"饮马泉"之名。当地传说，李世民东征时曾在此歇息，人马饥渴难耐。正欲找水时，李世民所骑战马忽然扬蹄踏石，马蹄之下，水声汩汩作响，定睛一看，只见一股清泉从石壁下源源不断地流了出来。于是，李世民下令在此饮水歇息，并将泉命名为"饮马泉"。

东泉

东泉在历城区彩石街道东泉村西河东岸，九峰桥东端的北侧，由三眼呈"品"字形布局的泉井组成。三眼泉井彼此相距3～4米，样式相仿，均为直径半米多的圆口石砌井。其中，有两口井深5米左右，另外一口井相对较浅，深3米左右。东泉三井旁即是河道石岸，泉水自石岸侧流而出，注入河道。

在东泉三井南侧，有青石板桥一座，村民称之为九峰桥。桥头有1919年所立的倡建九峰桥碑及残碑数方。2021年3月济南泉水普查时了解到，东泉一般年份四季有水，只在大旱时节偶尔出现断流。其水质清澈甘美，旧时为全村村民的主要饮用水源。村子实施自来水入户工程后，

东泉　李震富隆摄

| 白泉泉群、玉河泉泉群

东泉井口　李震富隆摄

仍有部分村民会到东泉取水饮用。

  1982年《山东省济南市历城县地名志（征求意见稿）》记载，东泉村称"饮马东泉"，传说李世民东征在此饮马而得名。明成化年间，高姓从直隶枣强迁此居住，沿称"东泉"。据此可推测，与村名同名的东泉，应该是该村先民最早聚居于此的水源，而"饮马东泉"的故事先起源于此，又"衍生"出东泉附近的饮马泉的传说。东泉村所在之处，泉源丰富。2005年公布的《济南市名泉名录》中，东泉村的东泉、饮马泉均跻身其中。

堰泉

堰泉位于历城区彩石街道东泉村村南。泉水自石堰下流出，故名。泉水出露形态为渗流，顺地势流向泉下方村中河道。此泉属季节性出涌，旱季水势式微甚至断流，雨季开泉后，水从地堰下崖石缝隙间涌出，出流量颇大，水声哗哗作响，故当地人俗称它为"咋呼泉"。据了解，由于其地理位置和季节性特点，此泉不作饮用及农业灌溉之用。

2013年版《济南泉水志》记为无名泉。2021年，此泉被定名为"堰泉"。同年9月，《济南市新增305处名泉名录》对社会公布，此泉名列其中。

2021年，泉水普查人员在堰泉泉址定位　李震富隆摄

另外，东泉村北约 400 米处河岸南侧，有季节性出涌的黑虎泉一眼（未列入名泉名录）。夏秋雨季，黑虎泉开泉后，泉水自河岸崖下石隙中涌出，漫流注入巨野河捎近支流的河道中。河岸岩石属于灰岩，纹路清晰、嶙峋陡峭，黑虎泉泉口如鬼斧神工造就，气势磅礴，仿佛猛虎深藏。2021 年 3 月济南泉水普查时，黑虎泉处于断流状态。据村民介绍，近年来黑虎泉开泉时间越来越不确定，从五六月份一直延迟到七八月份，但每年大雨后都会开泉。

老井泉

老井泉位于历城区彩石街道南泉村中东西方向和南北方向两条河沟（巨野河支流）交汇处的三角地带。此泉一年四季都有水，泉水旁边有3棵高大的柳树，已有几十年的树龄。泉水旁还有两块石碑，一块文字已经模糊不清，另一块为清道光九年（1829）石碑，记录了该泉的悠久历史。该泉现有两个井口，属于一泉二井，两井相距几米远。现在两井口都已加盖了混凝土井盖。东侧的泉井深约10米，水面距离井口约3米，井口直径约1米。西侧的泉井深约4米，水面距离井口约1米，井口直径约80厘米。

2021年3月济南泉水普查时，58岁的村民刘怀强介绍说，老井泉两个出水井的底部是相通的，属于一个泉子。全村大部分村民都吃这个老井泉里的水。夏天的时候，这个地方是村民休憩、品茶、聊天的场所，大人孩子在柳树下乘凉，喝着泉水泡的茶，幸福感满满。

老井泉　郭学军摄

冰心泉

　　冰心泉位于历城区彩石街道南泉村西北约 400 米处。泉口在巨野河上游一条河沟的南岸石崖下，一旁的崖壁石头高耸。春季还能明显看到泉水汩汩流出。夏季，泉水自 10 米高的山崖岩缝中流出。泉水溢出后一直流向旁边的河沟里，最后汇入巨野河。该泉水质甘美，寒冽如冰，沁人心脾，故名"冰心泉"。

　　2021 年 3 月济南泉水普查时，58 岁的村民刘怀强介绍说，这个泉子的水在夏天流量更大。小时候，他和小伙伴经常到泉的下游河水里洗澡、

冰心泉旧貌　黄鹏摄

58岁的南泉村村民刘怀强指认冰心泉　郭学军摄

游泳。由于这个泉子的水太凉,他们扎完猛子后,都要到旁边的石梁上去晒太阳。后因清理河道,原来的风貌都改变了,现在的泉眼上面被覆盖了约1米高的石头。庆幸的是,泉水依然能够从泉眼中冒出。

滴水泉

滴水泉位于历城区彩石街道南泉村东北、宅科河沟西岸河崖上。旧时水自岩缝流出，滴落于崖下，形成水帘奇观，故名"滴水泉"。历史上，该泉与东泉村饮马泉齐名，当地有"饮马东泉，滴水南泉"之说。相传，唐王李世民东征时在此歇息，士兵曾饮此泉水。

1997年版《济南市志》记载："1995年村民在岩崖下深挖砌岸，成井状。"2013年版《济南泉水志》："1995年村民在崖下砌池蓄水，池口直径0.5米，久旱不涸。"2021年济南泉水普查时，该泉泉眼被一巨石盖住，透过缝隙，扔下去一颗小石子，可闻水声，估计水深2～3米。在土崖上的一块石头上，还刻有文字，字迹比较模糊。据村民刘怀强介绍，这个泉子常年有水，但由于被大石头压着，已经久未使用。

滴水泉的泉口压在图中石头下　李震富隆摄

南泉

南泉位于历城区彩石街道南泉村中一高台之上，村因泉得名。南泉有三个泉眼。主泉眼的井口在平台之上，新修葺了井口，外围有不锈钢围栏。另两个泉眼在高台的侧面墙壁之下，东西分列：西侧泉眼冬春季断流，石壁布满青苔；东侧泉眼紧靠村民家门口，下面垒有一个小泉池，为防尘土进入，上面加了一个盖。

在主泉眼旁边，新盖了一个石质的"德馨亭"，亭子旁边是村两委立的保泉碑。碑文记载，南泉是一古泉，位于巨野河源头一河沟之南百米。泉水自地下百米深的岩石缝隙中喷涌而出，奔流至堰下形成瀑布，最后汇入巨野河。相传，唐王李世民东征，路过此地一个古村落高家庄。兵

南泉侧流而出的泉水　黄鹏摄

白泉泉群、玉河泉泉群

南泉主泉眼　郭学军摄

南泉东侧泉眼　郭学军摄

南泉主泉眼及周边景况　郭学军摄

马到此十分困乏，向南寻找水源时发现此泉，因此称之为"南泉"。明洪武年间开始大移民，成化、正德年间，刘、吕、孙、张诸姓，由直隶枣强迁居至此，皆以"南泉"称之。泉水甘甜，水质优良，尤其夏季雨水充沛时，水量猛增，自泉口喷涌而出，声音可传至百米之外。后因缺乏管理，泉水旁边杂草丛生，垃圾遍地。村两委对泉眼周围进行了整修，改造成一个260平方米的小广场，并建设了一个供游人休息观泉的凉亭。

2021年3月济南泉水普查时，家住泉边的73岁村民张天甲介绍说，他从小到大都是喝这个南泉的水，这个水烧开后没水垢。以前泉水的水流大，常年不断，这些年有时候会断流，成了季节性泉。其中一个泉眼就在他家门口，他在泉眼下垒了一个泉池，方便附近村民来取水吃。

白泉泉群、玉河泉泉群

康泉

　　康泉位于历城区彩石街道康井孟村。康井孟村是由康泉村、井子峪、孟家庄三个自然村组成的行政村。1982年《山东省历城县地名志（征求意见稿）》记载："清乾隆元年（1736），周、李、康诸姓先后迁此（康泉村）定居，因村内有一泉为康姓所有，故名'康泉'。后康姓绝户，仍沿称'康泉'。"

　　2021年6月，济南泉水普查了解到，为了躲避野狼袭扰，康泉村历史上曾经迁村移址。旧康泉村位于今康井孟村村委会东200米处，其初始水源井在50年前因农田水利改造迷失于方塘之中。鉴于此，在当代人印象中，对"康泉"有两种说法。一种说法是，康井孟村村委会西百余

康泉（心井）　雍坚摄

米处的"心井"即康泉。心井为人工挖凿之井,井深12米,现已修葺一新,周围增设了石头围栏,并立有2017年所刻的"心井"石碑,上刻有"吃水不忘打井人,幸福不忘老祖宗"对联。碑文记述,1946年孟家庄先人因为缺水,雇人用镐头、铁锤、钢钎凿挖出泉井,历时10个月,并在底部石板上凿出一个深2米、直径2米的石瓮,用于蓄水。此井凝结着孟家庄先人的血汗,是全村心仪之井,所以起名叫"心井"。心井西北侧的山岭为瓦屋脊山,1946年,著名的瓦屋脊战斗就发生于此。心井东面约10米处,立有瓦屋脊战斗英雄纪念碑和宣传栏。

另一种说法是,"上井"乃康泉。由心泉旁边的山路向西南方上行约百十米,有一眼方形井口、圆形井筒、深三四米的古井,当地人俗称"上井"。据了解,上井曾经是康泉村民迁址后的饮用水源。

英雄泉

  英雄泉位于历城区彩石街道康井孟村村委会西约 100 米的山坡下，和该村的心井相距几十米远。泉池为长方形，长 1.5 米，宽 1 米，顶部半覆石板，露出一方形取水口。泉池三面砌有围栏，西侧围栏立有泉碑，上书"英雄泉"三个大字。

  英雄泉原是一处四季有水的无名泉，村民称之为"泉子"。2008 年清明节，康井孟村村委会组织村民修葺泉池和围栏，并将此泉命名为"英

英雄泉　黄鹏摄

英雄泉旁边的瓦屋脊战斗英雄纪念碑　郭学军摄

雄泉",以纪念1946年在泉北侧瓦屋脊山所发生的瓦屋脊战斗。

据康井孟村党支部书记兼村委会主任张子林介绍,瓦屋脊战斗是解放战争时期发生在村西瓦屋脊山上的一次战斗。1946年6月26日凌晨,中国人民解放军泰山军分区警备三团副团长王法山,经周密部署,率部队分三路进攻夜宿在康井孟村瓦屋脊山上的一个由排、连级干部组成的国民党干部连,仅用3小时,歼敌80余名,缴获六〇炮6门、机枪9挺、卡宾枪50余支及其他武器一宗。当时,解放军洗衣服、饮水做饭都是用的山下这个无名泉的水。为让村民和子孙后代永远牢记先烈们的革命事迹,村民商议后将这处无名泉改称"英雄泉"。

井子峪泉

井子峪泉位于历城区彩石街道康井孟村井子峪自然村。该泉依山坡从上到下分别有上井、中井、下井三个泉眼。

上井泉处于该村西北方向山坡下的一片林地里,四周杂草丛生,井口有一可开启的铁盖。井水深约6米,水面距离井口约3米,属季节性泉。泉井呈圆形,由石头垒砌,井口直径约60厘米。

上井泉往下约80米处是中井泉,中井泉离村民的房子不过50米,处在山崖之下。该泉井口也呈圆形,直径约60厘米,井壁也是石头垒砌,

井子峪泉(上井) 郭学军摄

井子峪泉（中井）　郭学军摄

井子峪泉（下井）　黄鹏摄

井深约 10 米，井水清澈。除非是大旱，这个井基本不断流。因这个泉井离村子近，现有水管将泉水从井中引到村民家里，村民也主要吃中井里的水。

中井泉再往下就是下井泉，在一户村民院墙西邻。该泉四周现已被水泥板棚盖住，只留有一个井口，井口直径约 65 厘米，上有石板覆盖，可以打开。这个泉是季节性泉，冬春基本不出水。

虎门泉

虎门泉位于历城区彩石街道虎门村村南路基之下的河沟岸边，村子因该泉而得名。现在的泉水已被石头围砌棚盖成了一个泉池，长约 4 米，宽约 1.2 米，水深约 1.8 米，上面留有两个观察口。泉池在面向河沟的外壁有个出水口，池内泉水清澈见底，有许多水管从池内引出，直通到村

虎门泉　黄鹏摄

虎门泉泉水外溢　郭学军摄

民家中。春季，池里的泉水仍不停地从石缝溢出，哗哗作响。该泉所在河沟是南北走向的巨野河青龙峪支流，泉水丰沛溢出时汇入其中往北流。2021年3月济南泉水普查时，家住河岸边的71岁村民单女士说，虎门泉常年不断流，再旱也不干涸，村民都吃这个泉子里的泉水。

在虎门泉东南大约20米远的河沟内还有一个泉眼，春季也在渗水。此泉眼是一个无名泉，与虎门泉属一个泉脉。

白泉泉群、玉河泉泉群

猪拱泉

猪拱泉位于历城区彩石街道中泉村巨野河东岸,传因猪拱出泉而得名。水自河岸岩洞涌出,汇于河中,北流至狼猫山水库。此泉出涌量随季节变化明显。冬春季节,泉水出涌舒缓,流量减少,甚至会断流;夏秋季节,泉水出涌量变大,雨后往往出现激涌景象。

相传在很久以前,一农夫在集上买得一小猪,行至半路,由于天热,便停在河边柳树下歇息,小猪则在附近四处乱拱。意想不到的是,小猪竟然拱出一眼哗哗冒水的清泉,然后一头扎进泉眼,不见了踪影。农夫

猪拱泉　黄鹏摄

大惊失色。正当他捶胸顿足之时,只听泉眼处传来金属撞击的声响,定睛一看,原来泉眼里冒出了很多金币。农夫急忙上前打捞,一枚,两枚,三枚……数了数,正是他买猪花的铜钱数。农夫又惊又喜。原来,这小猪正是东海龙王三太子所变。他偷偷跑到人间来玩耍,贪吃了几杯美酒,醉倒在店家猪圈里。为了隐身,三太子便变作一头小猪,倒头便睡。谁知一醉就是三天,又被主人卖到了集上。此后,人们便把此泉叫作"猪拱泉"。

忠泉

忠泉位于历城区彩石街道中泉村彩西路路西崖壁之下。现在的忠泉已经被混凝土棚盖起来，还砌有一个台基，地下有管道将泉水引入彩西路东侧的井里，供人们取用。台基上面立有三块新刻的石碑，中间一块是"忠泉"题名碑，两边是"忠泉铭"和"忠泉铭志"两块碑刻，分别记述了立碑的缘由和忠泉的来历。

传说，李世民率兵东征路过此地时，中了强敌埋伏，唐军大败，帐

忠泉泉井出水口　郭学军摄

忠泉

忠泉已经棚盖，通过地下管道把泉水引到山坡下马路对面　李震富隆摄

前两员大将马三保、段志玄相继阵亡。李世民大惊，急领残军向南面深山密林突围。当时正值六月，狂奔四十里，人马个个汗流浃背，口渴难忍，纷纷跌倒在地，无法前进。李世民大怒，令督军再三呵斥，将士却无动于衷，眼看追兵将至，李世民万念俱灰，仰天长叹："我李世民南征北战，驰骋疆场，戎马一生，没有死在两军阵前，难道要困死此地不成吗？"说罢，遂要拔剑自刎。突然，一股清泉从面前石梁上夺壁而出，哗哗作响。李世民大悦，三军痛饮甘泉，士气大增，一举杀退敌兵。战后李世民感此泉救驾有功，亲封其为"忠泉"，并执剑在石壁上刻下"忠泉"二字，以励后人。1982年《山东省历城县地名志（征求意见稿）》记载，今中泉村旧称"忠泉村"，村以泉名。

白泉泉群、玉河泉泉群

咋呼泉

　　咋呼泉位于历城区彩石街道中泉村巨野河右岸。泉水自岸边崖壁石缝中倾泻而出，汇入崖下泉池，再由泉池的出水口注入巨野河。夏秋雨季，此泉出流时水声喧哗，响彻河谷，故名"咋呼泉"。

　　2011年8月，济南泉水普查时将咋呼泉收录。2013年版《济南泉水志》记载："泉池由自然土石围成，长1.6米，宽0.6米。用于农田灌溉。"近年来，中泉村将咋呼泉下的泉池扩修为长约10米、宽约2米的大泉池，用泉水浇灌河畔新种植的七八亩泉水莲藕。2022年11月初，笔者在现场看到，咋呼泉以数股激涌的状态从崖壁倾泻而下，清水激石，泠泠作响。石壁遍生绿苔，生机盎然。

　　据了解，中泉村的巨野河左岸，还有一眼鸡刨泉，传说因鸡刨而生。此泉涌量不大，涓涓细流，汇入巨野河（注：咋呼泉和鸡刨泉未列入济南市名泉名录）。

2022年11月，中泉村咋呼泉　雍坚摄

三泉峪北泉·上泉·南泉

三泉峪北泉、三泉峪上泉、三泉峪南泉均位于历城区彩石街道三泉峪村南约1公里的南泉子岭山峪中。南泉子岭植被茂密，除了蔚然成林的柏树，灌木和乔木也很丰富，品种杂多。当地人以三泉所处的方位，分别称之。1997年版《济南市志》记载："三泉皆常年不竭。雨季水盛，顺山势急流下泻，声闻数里。"

三泉峪北泉，在七八米高的巨岩之下，水自数处岩隙中流出，汇积成天然水池。三泉峪村两委委员方长路介绍说，20世纪50年代开展农田水利建设时，村民在北泉出露的山崖上凿出一片7米多高的平整的大石壁，原有的小泉眼出水通畅，形成一个大的泉池，是三泉中水量最充足的。直到20世纪80年代村里修机井前，村民一直是用扁担担着桶，到北泉挑水喝。2021年3月济南泉水普查时发现，因山体滑坡，三泉峪北泉泉池被压在下面，

三泉峪北泉泉址　李震福隆摄

| 白泉泉群、玉河泉泉群

三泉峪村上泉　李震富隆摄

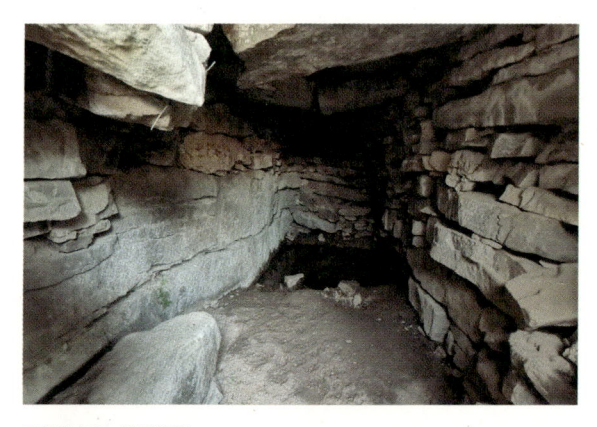

三泉峪南泉　陈明超摄

未见泉水出露。

三泉峪上泉，在北泉西南约100米处。泉自崖壁10余处小洞穴中涌出，汇为自然水池。由于上泉所处海拔位置较高，道路崎岖，泉水主要用于农业生产。过去，在山上劳动的村民也会就近到上泉取水解渴。

三泉峪南泉，在北泉西南方向里许的山峪尽头一石洞内，洞深3米，水自洞壁石隙渗出，漫流于洞外。南泉旁边建有石堰，以保护泉源。受水量所限，南泉之水不能大面积提供灌溉，但在点种等农业生产中曾发挥积极作用。

此三泉近年来皆为季节性出流，旱季出流舒缓，甚至断流，雨季水盛，顺山势急流下泻，水声可传很远。据了解，三泉峪村原名叫"桑滩峪"，后来因为北泉、上泉、南泉三泉而远近闻名，遂被改称"三泉峪"。

响泉

响泉位于历城区彩石街道西挓近村河边东南、围子山下石泉山谷内。此处错落分布着多口古泉井，清澈的泉水在井底涌动，或从井壁流出跌落井底，泠泠作响。这些古泉井统称"响泉"，共同组成"挓近古井群"。2012年10月，挓近古井群被历城区人民政府公布为历城区第三批文物保护单位。

响泉诸古井中，有五口古泉井分布相对集中，它们均为外方内圆的青石板井台，高出地面0.2米左右。井壁为条石砌筑，井下水深2米左右，

响泉之一　李震富隆摄

| 白泉泉群、玉河泉泉群

响泉之一　李震富隆摄

从水面到井口为 2～5 米。为防止山体滑坡，2011 年，捎近村在地势最高的一眼泉井上，加盖了泉屋，其他泉井也修缮了泉井台，添加了井盖。此外，在"捎近古井群"文保碑坡下 80 米、西捎近村进村路右首第一家村民家的大门内，还有一口古泉井。2021 年济南泉水普查时，西捎近村党支部书记江秀胜介绍说，故老相传，西捎近村原有 7 眼泉井，应北斗七星之数，但明末清初，因兵乱填埋了一眼泉井，后来一直未恢复。

响泉附近有古炮台遗址，遗址堰上嵌同治四年（1865）"石泉山谷外口"石刻和《水浒桥记》碑刻。周边岩崖峭拔，溪流蜿蜒，林木繁茂。

尼姑泉

尼姑泉位于历城区彩石街道潘河崖村。此泉常年水盛，久旱不涸，曾是周围五六个村庄的主要饮用水源。原来泉口处有用青石垒砌的 1.2 米见方的泉井，1964 年第三次整修潘河崖水库时，湮于库中。当时在潘河崖水库坝下砌池拦坝，尼姑泉之水汇坝东山峪之水，雨季下泄，景象颇为壮观。2021 年济南泉水普查时，潘河崖村党支部书记张源华介绍说，20 世纪 60 年代有一年大旱，附近 32 个村庄的村民都到尼姑泉来挑水，而尼姑泉一直水量充足，未见枯竭。

尼姑泉所在的潘河崖水库　李震富隆摄

尼姑泉旁边的山名叫尼姑山，原名岱姑山。传说古时候有岱姑在此修行，她每天派一头石驴驮着木桶下山到泉边取水。岱姑事先烙好面饼，放在石驴背上的包袱里。石驴赶到泉边后，凡是帮忙往木桶中灌水的人，都可以拿包袱里的面饼吃。后来有人起了贪心，吃了岱姑的面饼，却不肯帮石驴汲水。石驴驮着空木桶回去后再也没有出现，岱姑也离开去了泰山，成了广为人知的泰山奶奶。潘河崖村原名"潘谷来"，其实就是"盼姑来"的谐音。岱姑离开后再也没有回来，而她当年用过的泉因此得名"尼姑泉"。

仙人堂泉

仙人堂泉位于历城区彩石街道路相村东北角。泉井深约 3 米，常年不涸，旧时是村民的主要饮用水源。此泉原为圆口井，井台由大青石垒砌。2015 年，村里用红砖做了修补，砌为方形井台，并加了井盖。仙人堂泉水质优良，泉水充盈，四季不干，雨季水面离井台不到 1 米，弯腰就可以汲水。过去，附近的村民都来这里挑水吃。路相村依山而建，地势错落，仙人堂泉与村中主干道之间，原来是条"之"字形的土路，为了方便村民取水，2010 年前后，村里组织村民将土路修为碎石路。

2021 年济南泉水普查时，路相村党支部书记于绪山介绍，路相村东北仙人堂山下有一个天然岩洞，名叫"仙人堂"，仙人堂泉因此而得名。仙人堂所处之地，植被茂密、风景秀丽，本地人俗称其"北沟"。古时候有出家人在仙人堂居住修行，目前旧址处仍有青砖、残碑等遗存。

仙人堂泉井口　李震富隆摄

虎啸泉

虎啸泉位于历城区彩石街道杏峪村北。泉水自石堰下出流，旱季水势相对舒缓，雨季出流尤为汹涌，呼呼作响，因此被当地人俗称为"咋呼泉"，当代雅称为"虎啸泉"。2013年版《济南泉水志》载："虎啸泉，位于彩石镇杏峪村北，雨季涌。"2021年济南泉水普查时，杏峪村党支部书记徐文锋介绍，2011年，虎啸泉所在的区域因土地流转归于山东鹤年养老服务中心。后来，虎啸泉泉池被填埋，上面栽了树，但具备恢复条件。

据1982年《山东省历城县地名志（征求意见稿）》记载："明万历年间，徐、段两姓由直隶枣强迁此定居。因山峪内杏树繁茂，故取村名'杏峪'。"杏峪村南、北侧，原有南杏峪、北杏峪两个小自然村，为杏峪村村民外迁而生成。20世纪80年代初，南、北杏峪村名被取消，归入杏峪村。

虎啸泉　陈明超摄

南峪泉

南峪泉位于历城区彩石街道西丝峪村南1公里处的南峪中。泉井为青石砌筑,井口直径0.7米,常年不涸。泉边的石堰有十几米长,呈镰刀形,把泉井护在堰下。石堰上镶嵌残碑数块,有明万历元年(1573)泉井碑刻和道光二十六年(1846)善人张成施石槽碑刻等。为防山水及杂物进井,今井口外修有混凝土浇筑的圆形井栏。由此下望,井壁深处的石头斑驳光润,可见其历史之悠久。

南峪与西丝峪、王家峪、凤落峪合称四泉峪,共有四眼泉水。其中南峪泉最为知名,目前是西丝峪村的水源保护地。据西丝峪村党支部委员张荣佑介绍,20世纪70年代前,南峪泉为西丝峪村及附近村庄的饮

南峪泉全景　李震富隆摄

| 白泉泉群、玉河泉泉群

南峪泉碑　李震富隆摄

用水源。70年代之后，随着机井的普及，南峪泉主要用于农业生产。目前为灌溉方便，泉边建有一左一右两个蓄水池。一个约40米见方，5米多深，另一个面积较小，呈扇形，只有前者面积的1/5。

咋呼泉·红柿泉·罐子泉

咋呼泉、红柿泉、罐子泉三泉均位于历城区彩石街道北宅科村。

咋呼泉位于北宅科村西蟠龙山东麓清泉峪中。泉从石堰下流出，注入河道。此泉为季节性出流，旱季无水，雨季开泉时出水量颇大，故称"咋呼泉"。

红柿泉位于北宅科村东，绕城高速路南。泉池为石砌长方形，长2.6米，宽1.35米。泉池常年有水，雨季泉水出涌后，顺流而下，注入狼猫山水库。

咋呼泉　黄鹏摄

红柿泉　黄鹏摄

为保护泉源，村里将泉池棚盖，留有方形井口。另据北宅科村两委委员江义胜介绍，老百姓给柿子催熟去涩，一般用水泡来"漤柿子"，或者将熟透的苹果、梨和柿子放在一起来"烘柿子"。这两种方法在民间经常被混为一谈。传说过去村民常用这里的泉水来催熟柿子，故此泉俗称"烘柿泉"，后来演变为"红柿泉"。

罐子泉位于北宅科村南 3 公里处的朱家峪山崖下，为季节性出涌之泉，一般旱季断流，雨季开泉时泉自石缝中渗出，水量颇大。泉水蓄积汇流，形成罐子状的水湾，因而得名。2021 年 3 月济南泉水普查时，此泉泉口处未见水迹。

断岩泉

断岩泉位于历城区彩石街道断岩村村西,当地人称之为"老井"。泉井由方形石垒砌而成,水深约 2.8 米,水面距离井口约 1.6 米。有水管从泉井内引出,通过水泵将水输送到山坡高处水池,再任其自流到山下,方便村民取用。

2021 年 3 月济南泉水普查时,据断岩村村委会委员李庆军介绍,断岩泉已经有 300 多年历史,以前村中古碑有记载,可惜古碑后来被损毁了。该泉常年不断,再旱也有水,并且水质很好,烧开后没有水垢。经过有关部门测量,水中富含几十种对人体有益的微量元素。由于离村子近,以前全村村民都喝这个泉的泉水。即便现在安装了自来水,仍有村民愿意喝泉水。他说,目前全村有 130 多口人,80 岁以上的长寿老人就有十几个,应该和常年喝这个泉水有关。

断岩泉泉井口　郭学军摄

白泉泉群、玉河泉泉群

石瓮泉

　　石瓮泉位于历城区彩石街道石瓮峪村。该泉在村西南一处山岭的半山腰崖壁之下，泉水从崖壁下溢出。地面有一个圆形水池，就地凿石而成，深约40厘米，不知何时凿就。此处气温低，初春三月还有泉水结成的冰块。泉池外面修有一个蓄水池，泉水流出后汇入蓄水池中。蓄水池长7米，宽4米，上面已经被水泥板棚盖，留有一个取水口。水池内部有水管引到山下居民家中。

　　2021年3月济南泉水普查时，64岁的护林员徐明华介绍说，石瓮峪村全村有230人，几乎家家都吃这个泉池里面的水。这处泉水甘甜清爽，烧开后一点水垢也没有。据泉水调查队负责测量工作的队员实地测量，该泉所在位置海拔513米，是附近村庄位置最高的一处泉水。值得一提的是，石瓮峪村有两棵千年树龄的古槐，虬枝如龙，充满生机。树下有一块上雕"千年槐王"的石头。两棵国槐属于济南市重点保护的珍稀树木，是石瓮峪村这个古老村庄发展变化的见证。

石瓮泉　黄鹏摄

黄歇泉

黄歇泉位于历城区彩石街道黄歇村西山坳中。泉口外修有半米来高的红砖井栏，内有村民自装水管。井栏下为方形泉池，长 5 米，宽 1.7 米。2021 年济南泉水普查时，村民谢传强介绍说，泉水常年不竭，出涌旺盛，曾长期是村民的主要饮用水源。过去黄歇泉不仅供给黄歇村饮用，缺水时附近几个村子也取用此泉。20 世纪 50 年代，为方便村民取水，在此泉附近建了平台及拱门。现在，平台和拱门已经做了保护性填埋，将来可挖掘并修复。

当地传说，李世民东征路过此地，人困马乏，被迫在此休息。李世民感慨此地没有水，举起自己手中的戟，往地上一戳，没想到泉水汩汩上涌。李世民率其兵马在此饮水进食，休息调整后，继续前进。泉水因此得名"皇歇泉"，村子得名"皇歇村"。因"皇"字不得擅用，故改称"黄歇"。

黄歇泉 黄鹏摄

小湾子泉

小湾子泉位于历城区彩石街道黄歇村、黄歇泉附近的朱家峪北坡石崖下。泉水自岩石中渗流而出，村民用自然石稍加圈围，形成一湾泉流。泉池不规则，大致呈半圆形，本地村民因而俗称之为"小湾子泉"。

小湾子泉四季有水，泉水清澈甘洌，烧开后无水垢。2021年济南泉水普查时，村民谢传强介绍说，1958年大旱，周围泉井都枯竭缺水，而小湾子泉依然有水。当时，本村和附近村里前来取水的人日夜在此排队，小湾子泉因而广为人知。

因小湾子泉池水较浅，必须蹲下身用瓢来舀取，取用并不方便，所以小湾子泉之水多用于灌溉周边的梯田和果木。

小湾子泉　李震富隆摄

七井泉

七井泉位于历城区彩石街道东彩石村南 1 公里处狼猫山西侧七子岭下。泉池呈外方内圆的井形，不规则自然石砌筑，直径不足 1 米，泉水常年不竭，水质甘冽。2021 年济南泉水普查时，井下水面距井口约 2 米。

据东彩石村村民张东生介绍，七井泉原本由 7 个外观差不多的泉井组成，因此叫"七井泉"。因地质原因，东彩石村内并无水井，七井泉过去世世代代是村民的主要饮用水源。由于山体崩塌、土堰滑坡等原因，在 20 世纪 70 年代，有两口井因壅塞而湮没。20 世纪 90 年代，东彩石村实施了自来水等水利工程，且部分土地置换为山东省商业学院教育规划用地，饮水和农业生产用水需求减少，后又有两口泉井湮没消失。现在七井泉尚存三口泉井。据了解，目前东彩石村业已整体搬迁，土地流转为山东省委党校规划用地。

七井泉　黄鹏摄

柳泉

柳泉位于历城区彩石街道柳泉村村中一村民的院中，圆形井口，方形井台，泉水从岩石缝隙流出，一年四季不竭。泉边立有泉碑，正面刻有"亘古柳泉"四个大字，背面刻着一首歌颂柳泉的七绝："龙脉山乡柳泉井，六百春秋有遗风。耕读传家源流远，忠孝永续万古兴。"旁边有一棵高大的国槐，已有60多年树龄，枝繁叶茂。

"柳泉最早泉水丰盛，能涌出地面，后来随着人口增多，泉水水位回落，形成泉井。"2021年济南泉水普查时，柳泉村党支部书记李东平介绍说，"根据村民家谱记载，明洪武二年（1369），最早有李姓村民在这里建村，当时找到的第一处水源就是它。最初泉边长有大柳树，所以被称为柳泉。因为柳泉远近有名，所以村子也就被称为柳泉村了。"

据了解，院中有柳泉的人家姓李，正是当年柳泉村建村时第一户人家的后人。

柳泉　李震富隆摄

炸鼓泉

炸鼓泉位于历城区彩石街道万粮峪村 70 号院东 30 米一户村民的住房前。因"炸鼓""咋呼"音近，此泉又被称作"咋呼泉"。该泉有一个石头垒砌的泉池，泉池一米见方。冬春无水，夏天的时候，泉水比较旺盛。在其北侧 10 米处，东西河沟内还有两个泉眼，属于一泉三眼，其中一个泉眼被压在村民房屋墙壁之下，冬春也无水，夏天有水。炸鼓泉夏季开泉后，泉水从石缝中涌出，泻入河道，水声震耳，故名。当地有"炸鼓泉开泉——透了地"之谚语，意指炸鼓泉开始喷涌时，庄稼地里就已经浇透了水。

2021 年 3 月济南泉水普查时，75 岁的村民杨道和介绍说，这个泉的泉水甘甜可口，村民都爱吃这个泉子里的水。在此泉往东 80 米处，有一无名泉，在一户村民的院内。炸鼓泉西侧几十米河道内，还有一个小泉，被村民称作"峪思泉"，冬春处于干涸状态。

炸鼓泉　陈明超摄

白泉泉群、玉河泉泉群

下雨泉（龙脉泉）

　　下雨泉位于历城区彩石街道万粮峪村村南河道内。该泉东西两侧各有一个泉眼，属于季节性出涌之泉，冬春季一般会干涸，夏秋季则出涌旺盛，尤其是大雨过后，泉流汹涌，故名"下雨泉"。近年来，当地村民又将此泉雅称为"龙脉泉"，并刻"龙脉泉"三字于泉口旁边的石壁上。

　　下雨泉主要有一东一西两个相邻的大泉眼。东侧泉眼位于一个半人

下雨泉　雍坚摄

下雨泉（龙脉泉）

下雨泉泉眼 雍坚摄

工砌筑的不规则泉池中，南侧是河岸边的自然石，泉池2米多长，1米来宽，东侧留有排水口。夏秋季节，泉水涌出后，自东侧排水口汇入河道中。西侧泉眼则位于几块河道中的自然石中间，泉水自石隙上涌，状如趵突泉，水盛时可达1尺来高。下雨泉与上游咋呼泉等泉水汇流后，在河道内顺势下泻，水声哗哗作响。每年夏天，下雨泉开泉后，万粮峪村就像过节一样，会迎来一拨又一拨前来赏泉的游客。村民在河道边搭起凉棚，摆上桌椅，开办农家乐，或者把应时的瓜果和农产品摆摊销售，好一派清凉夏日、其乐融融的景象。

南山泉

南山泉位于历城区彩石街道磨盘峪村陈家自然村村南山岗之下。磨盘峪村由五个自然村组成，分别是吴家村、韩家村、卢家村、陈家村、肖家村。南山泉四周用石头垒砌了一个平台，中间是泉井，内壁由石头垒砌，春季水少，一眼可见井底。汛期泉水比较旺盛，从石缝汩汩溢出。

在南山泉东 20 米处还有一个小泉，为无名泉。该泉井深 2.5 米，水深 0.7 米，春季泉水仍汩汩流淌，常年有水，和南山泉属于一个泉脉。

南山泉　李震富隆摄

南山泉

南山泉旁与之同脉之泉　黄鹏摄

60岁的村民张国祯家就在两个泉旁边,他家一直吃这无名泉的水。他说,这个泉的水没有水垢,水质好,口感也好。

| 白泉泉群、玉河泉泉群

北井泉

　　北井泉位于历城区彩石街道磨盘峪村陈家自然村一山崖之下。现在，该泉井上面垒了一个砖屋，开有小门，里面的泉井用石头垒砌，井口为长方形，长0.5米，宽0.4米，井深约11米。2021年3月济南泉水普查时，泉井里面插有数个水管，将泉水引到居民家中。

　　陈家自然村共有27户80多人，有半数村民都吃这个泉井的泉水。63岁的村民陈茂佑说，这个泉井的泉水水质很好，没有水垢，甘甜可口。孩子现在在外面工作，有时候回村里来，走时还要灌上一桶泉水带走。

北井泉旧貌　黄鹏摄

岭北泉

岭北泉位于历城区彩石街道磨盘峪村的吴家自然村东北山岭之下。该泉井深6米，外方内圆（方形井口，圆形井筒），为石头垒砌。2021年3月济南泉水普查时了解到，此井久已不用，为保持井中泉水清洁，村民为井口盖上了一块大石板。

泉水旁边是一片香椿树和核桃树，泉井上坡2米处还有一棵几十年树龄的柿子树。因为距离村子较远，村民很少吃这个泉井的泉水，只在下地干活时才取用。

岭北泉　黄鹏摄

三井泉

三井泉位于历城区彩石街道磨盘峪村的吴家自然村村南山坡下。该泉原由三个井泉组成，合称"三井泉"。三井泉Ⅰ的井口呈方形，边长50厘米，水深7米多。该泉井的水质很好，村民喜欢使用。2021年3月济南泉水普查时发现，有多条水管从井内引出，一直引到村民家中。

现在，此井的北面是村里的小广场，不远处还有一个三井泉Ⅱ，其上用砖垒了个泉屋，把井覆盖到里面。该泉井为方形井口，边长65厘米，里面是圆形井壁，水深约8.5米，有水管从井内引出，引到村民家中。不远处还有一个三井泉Ⅲ，现已被掩埋。

三井泉Ⅰ　郭学军摄

三井泉Ⅱ泉屋　李震富隆摄

43 岁的磨盘峪村村委会主任高强说，他小时候在吴家村上小学时这个Ⅲ井泉还有，多年前该泉不再出水，就被村民填埋了。Ⅰ、Ⅱ、Ⅲ井泉的三个泉眼在百米之内，属于一个泉脉。

卢井泉

卢井泉位于历城区彩石街道磨盘峪村卢家自然村村南山坡下，也叫"芦井泉"。该泉有两个泉井。卢井泉Ⅰ上面盖有一个泉屋，为长方形井口，井口长60厘米，宽50厘米，井筒呈圆形，内壁用石头垒砌。该泉井常年有水，水深8.8米，水质很好。卢家自然村户籍人口25人，常住人口12人，基本常年食用该泉的泉水。在该泉东约10米远，还有一卢井泉Ⅱ。

卢井泉 | 泉屋　李震富隆摄

卢井泉Ⅱ井口　李振富隆摄

此泉现被石板棚盖，村民不再取用。

这两个井泉之上的山坡平地上大约 40 米远处，还有一个古泉井。井深 7～8 米，泉水口感甘洌，部分村民还在饮用，有水管从井内引至村民家中。

肖南井泉

肖南井泉位于历城区彩石街道磨盘峪村肖家自然村村西山坡石壁之下一户村民家门口。不是大旱的话，全年都有水，村民常年吃这口井泉的水。该泉井井口呈圆形，直径80厘米，被一块石板覆盖。泉井水深5米，内壁用石头垒砌。在该井泉上面的山坡上，直线往西约50米处还有一处泉井，泉井呈圆形，水深约20米，上面盖有一间泉屋。

在山坡上直线距离几十米处，还有一个泉池。泉池已经被棚盖，留出一个取水口，三面由石头垒砌，上有一石板出厦，正面嵌有一块石碑，石碑正面雕刻有一颗五角星，两旁刻有"红色水库"四个大字，落款隐约可见"一九六八年"字样。2021年3月济南泉水普查时，磨盘峪村村委会主任高强介绍说，这个泉池是当年兴修水利时所建，叫"红色水库"。那时水量丰沛，主要用来浇地。泉池壁用石头垒砌，春季仍可闻清脆的泉声。这个山坡上下三处泉水属于一个泉脉。现在肖家自然村大约有100人，基本都食用这三个泉井的泉水。

肖南井泉　郭学军摄

南小泉

南小泉位于历城区彩石街道徐家场村村南一处山坡下的平地之上。该泉是一个井泉,井口呈方形,长宽40厘米,水深1.4米,井壁由青石垒砌。该泉是一个季节性泉,春天基本干涸无水,旁边树木繁茂。

2021年3月济南泉水普查时,66岁的村民单德高说,该泉的水非常甜,一点杂质也没有,烧开后没有水垢,全村都吃这个泉的水,直到2000年村里安上了自来水。他说,这个泉子从他记事起就有,大旱时,附近村里没水吃都来这里打水。以前,一到夏天,这个泉就有泉水喷涌,很是壮观。现在,这个泉变成了季节性泉。

南小泉　郭学军摄

义和泉·白胡子老头泉

义和泉位于历城区彩石街道韩家峪村南。泉池位于山坡下修筑的泉屋中,为青石砌筑的长方池,长 6.5 米,宽 1.9 米,深 2.5 米。泉池靠门口的一角修有石阶,以方便村民下去取水。此泉一年四季不涨不涸,水质清洌甘甜,旧时是村民的主要饮用水源。夏季,泉水从池壁青石缝隙中流出跌入池中,形成水帘,别有趣味。

义和泉所在的泉屋始建于1956年,为干插石垒砌而成,未使用石灰、水泥,体现出高超的建筑工艺。石屋向外开有拱券形门洞,外观如窑洞,当地人称之为"石拱""水圩子"。门洞高约 3 米,宽约 3 米,顶部石

义和泉 黄鹏摄

梁嵌有"义和泉"三字石匾。

2021年济南泉水普查时,韩家峪村党支部书记李相勇介绍说,该村因最早由韩姓人家建村而得名,目前村里已经没有韩家后人。义和泉命名

白胡子老头洞　陈明超摄

时间已不可考,缘由是提醒村民讲仁义、讲和气,避免天旱时取水产生纠纷。2017年,历城区环保局将义和泉列为水源地保护区,修筑了铁丝围网,以保护泉源。

白胡子老头泉位于历城区彩石街道韩家峪附近大峪山东北侧半山腰,泉水自石堰底部流出。此泉旱季出水平缓甚至干涸,雨季则出水量颇大,泉水出涌时沿地势汩汩分流,与山石激撞,泛起白花,状如老者长长的白须,故俗称"白胡子老头泉"。泉边原有清乾隆年间所立石碑一通,上记泉水及村名来历。

一说泉的名字来源于白胡子老头洞。大峪山上有一个山洞,从外面向里看,里面的石头特别像一个白胡子老头。因此泉和白胡子老头洞离得不远,所以村民就称呼它为"白胡子老头泉"。

白胡子老头泉为季节性泉。旧时,夏秋季节村民在附近劳动时,常到此泉来饮水。2021年济南泉水普查时,白胡子老头泉已干涸,泉口处无水。

| 白泉泉群、玉河泉泉群

黑虎泉

　　黑虎泉位于历城区彩石街道岔峪村南山峪石崖下，为季节性出流之山泉。冬春季节，黑虎泉出流微弱，甚至断流，夏秋雨季，出流旺盛，水势堪称汹涌。泉水自石缝喷涌而出后，沿峪沟顺势下泄，其间与山石激荡，哗哗作响，声震山谷，确实有黑虎啸谷之声势。因为这个缘故，每年都有很多驴友和摄影爱好者，于大雨之后慕名到岔峪村南山峪来观赏、拍摄黑虎泉出泉之盛况。

　　黑虎泉所在的岔峪村建村较晚。1982年《山东省济南市历城县地名

黑虎泉出涌形成的泉流　雍坚摄

黑虎泉　陈明超摄

志(征求意见稿)》记载:"清乾隆年间,谢氏由谢家屯(历城县董家公社)迁此定居。因村周围有五条山岔(峪),此处为五岔之一岔,故取村名'岔峪'。"

济南市域内,有黑虎泉之名或别称黑虎泉的泉有6处,只有岔峪村的黑虎泉在雨季开泉时,其水势堪比历下区护城河边的黑虎泉。(注:长清区五峰山街道石窝村、莱芜区羊里街道黑虎泉村、章丘区官庄街道郭家楼村、历城区彩石街道东泉村各有一眼黑虎泉。)

| 白泉泉群、玉河泉泉群

青龙泉

　　青龙泉位于历城区彩石街道青龙峪村村东南 800 多米处的山峪北侧悬崖之下。青龙泉海拔 420 米，除了大旱时断流，平常年间基本都有水。夏秋雨季，青龙泉出涌旺盛，泉水在山峪中顺势而下，水声哗哗作响，隔很远都能听见。近年来有村民通过水管将泉水引出，一直引入家中。

　　2021 年 3 月济南泉水普查时，青龙峪村村委会主任傅玉斌介绍，以前，

青龙泉　黄鹏摄

青龙泉形成多叠瀑布，这是其一　雍坚摄

泉水旁边的陡峭悬崖石壁上有一块龙头模样的天然青石，青石从崖壁上突起，可惜几年前下大雨的时候被冲掉砸碎了。也正是因为这块天然青石，村民把其下的泉水称为"青龙泉"。傅玉斌说，该泉和附近村的玉河泉同属一脉，水质好，甘甜可口。

另外，在青龙峪村南还有一青龙峪南泉。此泉由三处泉池组成。两处泉池呈方形，边长 4 米；另一泉池呈长方形，长 1 米，宽 0.6 米。青龙峪南泉水质优良，旧时是村民的饮用水源。此泉未列入名泉名录，2013 年版《济南泉水志》有载。

马蹄泉

马蹄泉位于历城区彩石街道讲书院行政村马蹄泉自然村。该泉是个古泉，有一段时间被掩埋。2020年，驻村第一书记李志国了解到这个情况后，组织村民将泉水发掘出来，并协调投资20多万元，把泉井整修一新。现在的泉池处在地下约3米处的深坑中，泉井井口四周修有石头围栏，旁边修有石头台阶。在地面之上，修有一个凉亭和两套石桌石凳，一块大石头上刻有"马蹄泉"三个大字。地下井口旁边的石壁上还嵌有一块马蹄泉说明碑。

根据碑文记载，相传唐武德五年（622），李世民在统一战争途中率

马蹄泉井口呈马蹄形　郭学军摄

马蹄泉全景　郭学军摄

大队人马来到此地，人困马乏，口渴难耐，但无水可寻。此时，他的坐骑一声长嘶，双蹄腾空而起，猛刨山石，刨出一洼清泉，顿时水流汩汩，解了人马之危。之后，此泉便被称为"马蹄泉"。

据驻村第一书记李志国介绍，马蹄村就以马蹄泉而得名。经过整修后，马蹄泉的井底、井体、井口都呈马蹄形。他说，就连讲书院行政村的村名也与李世民有关。传说当年李世民在此驻扎后，一整夜都在讲书、谈兵，后来该村就叫"讲书院村"了。

玉漏泉

玉漏泉位于历城区港沟街道芦南村天井峪云台寺遗址，又名"天井泉""玉露泉"。清康熙、道光《济南府志》有载：在云台寺西岩下，"一名天井泉，点滴之声与铜壶不异"。清乾隆《历城县志》载："云台寺，在桃花岭东，一名天井，依涧筑台，依台筑寺，下有甘泉，石阁重重，盛夏无暑。"明代诗人李攀龙有诗曰："古寺马蹄前，荒山断复绵。阶危孤石倒，崖响乱泉悬。"明朝诗人许邦才也有诗吟道："初宿南岩天

玉漏泉　李震富隆摄

井寺，便听一夜石泉流。"云台寺内还有几块古碑，记载了寺院始建于元代，以及寺内泉水的历史。

泉水从云台寺西侧30余米长的棚厦式岩顶处渗出，犹如漏下颗颗玉珠，点点下滴，形成一个泉水带，故名"玉漏泉"。泉水垂落于岩下天然水池，叮咚作响，清脆悦耳，常年不断流。冬天，岩壁之下可形成几米高的冰挂，十分壮观。近年，在西侧绝壁之上，新发现一处摩崖题记，上有隋代"开皇八年（588）七月五日，陈颢出得此井，刊名此记，使令故知之"等记录。此题记说明，在1400多年前，这里就有人类活动，想必那时就有人喝玉漏泉的泉水了。玉漏泉与云台寺内的石佛像及雄尊宝殿现已列入山东省文物保护目录。

云台寺内另有甘露泉一眼，泉池长方形，水泥修筑，池长4米，宽3米。该泉被列入济南市名泉名录，2013年版《济南泉水志》有载。

白泉泉群、玉河泉泉群

老泉子

  老泉子位于历城区港沟街道芦南村云台寺遗址北面三四百米远的一个山坡下。该泉是一处洞穴式泉,进深五六米,常年不断流,夏天流量大。早先的时候,附近村民都来这里打水吃。尤其是大旱年份,周围缺水,这个泉子曾养活一方百姓。现在,在泉水洞外面修了小水库,泉水流出来后通过管子引到水库里,有不少村民来此打水。

  2021年3月济南泉水普查时,芦南村党支部书记贾虎平介绍说,芦南村泉水众多,在云台寺西面的一个山头上还有一处泉水,叫西泉。在

老泉子泉池外的小水库　李震富隆摄

老泉子泉池　郭学军摄

景区东面，有一个东西走向的山峪叫泉子峪，峪沟里的水就是东面山上流下来的泉水，至今还有几个泉眼。50年前，他幼年时经常去山里放牛，就是赶着牛喝山峪沟里的泉水。另外，在老村拆迁后的村子旧址北山坡上，还有一个老泉井，保存完好，现在已经被铁皮盖住，打开棚盖，可以看到里面的泉水清澈可照人影，水面距离井口约5米。该泉井的井壁为就地凿挖的山石砌筑，村民称之为"芦芽井"。

白泉泉群、玉河泉泉群

九龙口泉

　　九龙口泉位于历城区港沟街道芦南村云台寺遗址北约300米处，处于一条路边的山崖下。泉水从崖壁溢出，下面垒砌了水池，池水清澈。此泉位置为九条山岭汇聚之处，俗称"九龙口"，因此，2021年此泉正式定名为"九龙口泉"。此处山岭有多处泉眼，丰雨时此泉出水量大，平时亦常年不涸。2019年修建云台寺郊野公园时，芦南村自筹资金加固

芦南村云台寺景区工作人员介绍九龙口泉情况　郭学军摄

九龙口泉　李震富隆摄

了洞口及泉池，洞内面积约 10 平方米，泉池容积约 3 立方米。

　　泉池所处山崖在云台山最高峰天平寨北延山岭脚下，植被茂密，多为侧柏、黄栌、杂木、荆棘，分布在此地的岩石多为片状岩层。泉口南侧是一处济南市最大的牡丹园，有 1 万多株，80 余个品种，每年立夏时节，满谷牡丹争奇斗艳，竞相开放，芬芳醉人。花田西南另有两处无名泉，均有泉池，邻有崖壁栈道，丰雨季节有瀑布形成，颇为可观。

大泉

　　大泉位于历城区港沟街道桃科村南、桃花岭西北之麒麟山阴，又名"麒麟泉"。清乾隆《历城县志》记载，大泉岭在桃花岭西北。清道光《济南府志》记载：大泉"在大泉岭上"。现在泉水自崖壁石缝溢出，先是淌入崖壁下的一个圆形池中，接着从一个石刻麒麟头的口中流入外围一个垒砌的四方水池中。这个水池有石质围栏，麒麟头上面的围栏石板上刻有"麒麟泉"三字。现在为了饮水方便，泉水从地下管道流进北侧棚盖的蓄水池里。在泉池旁边，有一个天然形成的卧龙洞。在北面几十米

大泉　郭学军摄

大泉 黄鹏摄

处有"泰山行宫"古建筑遗存。

2021年济南泉水普查时,看护行宫的67岁老人刘祥儒介绍说,这个泉的泉水四季不干涸。因附近普遍缺水,此泉虽流量不大,但被称为"大泉"。他说,2009年2月某日适逢山会,根据准备的筷子数量统计,来赶会的有7000多人。因那天水流很小,他们清理水池后,用50斤的水桶装水,4个人挑了一天,供赶会的游客饮用。结果,一天下来,水池里的水并没有减少,让大家颇感意外。他还曾听父辈人说过,以前人们喝这个泉子的水不会肚子疼,要是牙疼了,喝了这里的泉水就不疼了。

白泉泉群、玉河泉泉群

东流泉

东流泉位于历城区港沟街道郭家村西南之乡义寺遗址处，旧称"南山泉"。清道光《济南府志》载："南山泉，在黑龙峪绝巅。"

现在的东流泉水自岩缝流出，常年不涸，泉水汇入三面石砌的长方形水池。泉池之上已经棚盖垒砌了一间石屋，从上面看不到里面的泉水。石屋朝外的一面留有取水口。取水口石门之上镶嵌的一块石头上刻有"龙吟"二字。在泉水石屋旁边悬崖岩壁上刻有"东流泉"三字，而取水口

泉池石屋门口有新立的"东流神泉"说明牌　郭学军摄

东流泉不远处记载此泉的古代碑刻　郭学军摄

旁竖立的一块说明牌，上面写的则是"东流神泉"，记述该泉"常流不息，泉水叮咚""水质清澈甘冽""细菌为零"等。

尤为可喜的是，在泉水池石屋内侧崖壁上面，新发现一处摩崖石刻，初步识读，有"北齐武平"字样。此外，不远处尚存的乡义寺紫金塔门楣镶嵌的碑刻，内容也有"大齐武平年"字样，说明东流泉和乡义寺存在的年代非常久远，乡义寺属于济南地区早期的寺院之一。除此之外，东流泉周边还有许多碑刻、桧柏、五角枫等古代遗物，见证着这里的古老历史。

| 白泉泉群、玉河泉泉群

西天神泉

西天神泉位于历城区港沟街道郭家村西南之乡义寺遗址、东流泉西侧约100米处。现在泉水东侧新建了仿古大殿建筑，要从大殿后山墙外的狭窄空间穿过才能到达此泉。泉水出自山崖之下的岩石缝隙中，季节性出涌，冬春季节只有泉水微微浸出，无明显水流。夏秋雨季，出涌旺盛，漫流于山坡。

西天神泉不远处的古代石塔　郭学军摄

西天神泉　郭学军摄

据了解，以前此泉上面的石崖上有摩崖石刻，现在石刻已经不存。原来崖壁前有一棵古树，后来也被伐掉了，很是可惜。另外，在新建的仿古建筑前面，也曾有两棵古树和一个戏台，现在古树仅有一棵存活，戏台也被毁坏了。

大泉

大泉位于历城区港沟街道坞西村附近海拔 398 米的白云山上，距离坞西村约 2.5 公里，处于山腰的山崖之下，周围植被茂盛，要穿过蜿蜒山路才能到达。泉水从岩缝中溢出，常年不断流，下大雨时流量激增。泉口外砌有一个较大的泉池，大致呈椭圆形，长轴长 22 米，短轴长 10 米，砖石水泥垒砌。其中一个泉眼下面，有一条小水沟自然引出，流向山下，在雨水丰沛时节可起到分流作用。

2021 年 3 月济南泉水普查时，坞西村党支部委员李心强介绍说，该泉再旱也有水，水质很好，烧开后一点水垢也没有，泡茶很好喝。尽管现在村里安装了自来水，但仍有村民忘不了老泉水的味道，时不时上山提泉水泡茶喝。

大泉

大泉　郭学军摄

白泉泉群、玉河泉泉群

滴水泉

　　滴水泉位于历城区港沟街道坞东村东北 300 米处的韩仓河支流河沟东崖,又名"清泉""清水泉"。在 2000 年开始修建济南南绕城高速公路后,泉水被修路清理的渣土碎石掩埋了,堆积的渣土碎石有 10 米高。若清理掉渣土,还能露出泉水。

　　此泉为历史名泉,金《名泉碑》已将其列入七十二名泉。元代地理学家于钦在《齐乘》中记载:"一名清泉,在西务北。"明晏璧《七十二泉诗》称之为"清水泉"。清道光《济南府志》载:"清水泉,在西

坞东村滴水泉被渣土填埋　郭学军摄

务北。"1997年版《济南市志》记载："今坞东村与相临的坞西村通称为'西坞'，又称'西梧'，即古之'西务'。因有'清水泉'一名传称，后人便误将柳埠神通寺滴水泉认作为《名泉碑》之滴水泉。今泉所处河崖高20余米，曲折长约50米，崖顶岩石探出如厦，崖壁枝柯悬生，被称为'滴水崖'。泉自崖厦下渗出，顺崖壁滴滴滚落，故名。水滴处青苔铺绿。冬季，形成数丈高的冰挂，蔚为壮观。"2013年版《济南泉水志》记载："现因高速公路压占，水量明显减小。"

2021年3月济南泉水普查时，70岁的坞东村村委会原主任白振元介绍说："从前在滴水泉下面有一个天然小石桥，水流小的时候，泉水从桥下流过，水流大的时候，泉水从桥上流过。泉水引来成群的红嘴红腿乌鸦。后来，国民党兵把石桥砸烂了，红嘴红腿乌鸦便不再来此喝水，再来的乌鸦都变成了白脖子乌鸦。"

老井泉

老井泉位于历城区港沟街道坞东村东南韩仓河支流的南崖下，是一处年代久远的井泉。现在，泉井的一个泉眼处在济南南绕城高速路基下专门构建的石洞内。泉井深约15米，常年有水，上部井壁为石头垒砌，下部井壁为就地凿掘岩石而成。早年，附近村庄的村民都靠老井泉的泉水生活。每逢酷暑夏日，总有不少村民坐在泉井旁边纳凉歇息，享受泉水带来的清凉。泉水旺盛时，水溢出，流向下游的水库。

2021年3月济南泉水普查时，坞东村白振元老人介绍说，这个泉井是当年村中尼姑庵的尼姑用化缘来的铜钱雇佣石匠凿成的，最后凿出来

老井泉原貌　黄鹏摄

有 10 米深。井泉里面的泉水常年不断，天气再旱也出水，从没有干涸过。在老井泉东面约 20 米处，还有一个泉眼，与老井泉属于一个泉脉，叫作"一泉二眼"。两个井泉的口径差不多，都是大约 1 米。

传说，当年老井泉对面的河岸石崖上有一个天然石洞，里面可以放下一盘石碾。村里的百姓刻了一个水龙王的雕像，一旦遇到天气大旱，老井泉出水量骤减，就把水龙王雕像抬出来，老井泉的水量立马就会变大，很是神奇。白振元老人说，当年，附近尼姑庵的尼姑、村南关帝庙的人和村民都吃这个泉子的泉水。村子的河岸边，至今保留着一条明洪武二年（1369）修建的老石子路，充满沧桑感的石子路见证了当年人们挑泉水回家的景象。

灰泉

灰泉位于历城区港沟街道坞东村西南100多米处韩仓河支流的东崖，在济南南绕城高速公路的北侧路基之下。泉水自崖壁下端小石穴中流出，淅淅沥沥滴落于崖下，流入旁边的河沟中。

2021年3月济南泉水普查时，坞东村白振元老人介绍说，灰泉是根据石穴是灰色岩石而命名的。泉眼距离地面约1.5米高，常年有水不断流。夏天的时候，这处泉水喷涌很旺盛，喷涌的水头有碗口粗，喷出去几米远。由于此泉泉水清爽可口，夏天的时候，村民都提着水桶来接水喝。

灰泉　黄鹏摄

在灰泉东侧约 300 米处，还有一个约 10 米深的水井子泉。该泉的井壁为石头垒砌，泉水从底部井壁的一个洞口流出。据介绍，此泉也是常年不断流，天气再旱也能从里面舀出来几十担水。在新中国成立前，这个泉井被地主霸占，新中国成立后被政府收回，归全体村民使用。一直到 20 世纪 70 年代村里打了机井后，村民才不再吃这个泉子的泉水。在水井子泉东西两旁，各有一个水井，它们串联在一起，为"一泉三眼"。现在，东侧泉眼的井口还在，西侧泉眼的井口已经被填埋覆盖。如果挖掉上面的土，仍可见井口裸露出来。

白泉泉群、玉河泉泉群

东峪泉

　　东峪泉位于历城区港沟街道坞东村东南约800米的山峪尽头,处在济南南绕城高速公路南侧。泉子位于一处山崖下,海拔高度约283.86米。春季泉水从岩穴中流出,汇入附近五六平方米的浅水池中。到了夏季,泉水丰沛,汩汩流出,沿山峪漫流而下,流入山峪的沟底。

　　此泉周围植被众多,树草丛生,乱石横卧。泉水上面的山崖上,柏树林立,挺拔俊秀,景色十分优美。70岁的原坞东村村委会主任白振元老人随口吟出一个村民编的顺口溜:"山高石头多,出门就有坡。脚脚

东峪泉　李震富隆摄

东峪泉　郭学军摄

踩石头，步步麻子窝。"

距离东峪泉不远处的黄草峪上，还有一个东坞岭子泉。泉井深约15米。泉水从井底冒出，常年不断。白振元老人说，此泉所在的黄草峪，原来叫"王二嫂峪"。村里有两个王姓人家的寡妇，妯娌二人不辞辛苦，合作开辟出这个山峪里的坡地，所以大家给这里起名叫"王二嫂峪"。原来村民也来这里打水吃，1980年前后，此井淹死过一个人，此后村民就不再吃这个泉子的水了。

另外，在坞东村南还有一小井子泉。泉池石砌圆井形，井口直径0.7米。旧时，这泉水是村民主要饮用水源之一。此泉未列入名泉名录，2013年版《济南泉水志》有载。

| 白泉泉群、玉河泉泉群

双乳泉

　　双乳泉位于高新区巨野河街道李家楼村东南峪沟。泉水常年不竭，清冽甘美，曾是村民饮用水源。现在该泉已被棚盖，泉井在简易房内。

　　此外，还有一个裸露的泉井，井壁由条石垒砌，井口长方形。从井口向里望去，泉水离井口不过40厘米，在枯水季节，这样的水位已经算高的了。由于村中已经安装了自来水管，村民大都喝自来水，已经很少有人来此挑水喝了。过去，由于井口敞开着，泉水旺盛时会溢出，沿峪沟漫流。在双乳泉南面不远的崖头之上有一棵古柏，算是村中历史的见

双乳泉旧貌　黄鹏摄

双乳泉所在的李家楼村还保留有许多老民宅　郭学军摄

证物了。现村中很多地方还保留着青石板路、黄土坯墙等山村特征。

　　关于此泉的名称来历有个传说。相传,武定府李阁老(李之芳,清康熙年间仕至文华殿大学士,故称"阁老")路经此地,见万松山下两个山泉流出的泉水呈乳白色,且水味甘美,便为之取名"双乳泉"。后来李阁老又在泉边建别墅,成为其避暑之地。

| 白泉泉群、玉河泉泉群

淌豆泉

  淌豆泉位于高新区章锦街道伙路村南淌豆寺山门外。原来泉水自3米高石壁顺势而下,注入一自然泉池。泉水清澈甘甜,涝而不增,旱而不减,取水市民络绎不绝。

  目前淌豆泉还处于待整修状态,原有泉池不复存在。泉水自岩缝流出,接水的村民在岩缝里插设水管,在地面垒砌砖石,放置水桶接水。淌豆寺内长有一株粗壮挺拔的银杏树,每年秋天,银杏树叶发黄时,都会有

淌豆泉　黄鹏摄

淌豆泉　李震富隆摄

众多游客慕名前来游览拍照。2021年济南泉水普查发现，淌豆泉所在的山崖属于奥陶纪灰岩，蓄水性较好。

淌豆泉，旧称"倘豆泉"。明崇祯《历城县志》记载，"倘豆泉，塘头寺门外"，塘头寺即"倘豆寺"，"寺前一塔，有开元九年（721）字"。由此可知，此寺院为唐代即有之古刹。当地传说，李世民带兵东征时，被隋兵围困于此，人困马乏，饥渴难耐。情急之中，李世民用长枪戳向石壁。石壁枪眼处应声淌出黄豆，继而又流出泉水。李世民的兵马因此吃饱喝足，击败了隋兵。李世民登基后，下旨在此建寺，为该泉赐名"淌豆泉"。

近郊诸泉

近郊诸泉概述

在济南近郊、历下区和市中区范围内,尚有众多泉水点缀于千佛山、佛慧山、回龙山、龙洞山、玉函山、青铜山、石崮寨诸山之间。这里名泉荟萃,《齐乘》所载金《名泉碑》列入的金代七十二泉中,有煮糟泉、炉泉、白虎泉、甘露泉、林汲泉、金沙泉、白龙泉、鹿泉等8泉位于这个区域;明晏璧《七十二泉诗》中所咏明代七十二名泉中,有甘露泉、白龙泉、黑龙泉、金沙泉、悬珠泉5泉位于这个区域;清郝植恭《七十二泉记》中所录清代七十二名泉中,有临汲泉、甘露泉、窦姑泉、白龙泉、白虎泉、炉泉、煮糠泉、浆水泉、悬珠泉、金沙泉等10泉位于这个区域。当代新七十二名泉中,有浆水泉、砚池、甘露泉、林汲泉、斗母泉等5泉位于这个区域。

2005年9月29日,《济南市名泉保护条例》颁布实施,该条例附件一《济南市名泉名录》共收录济南范围内645泉,其中,济南近郊49泉。2021年9月,《济南市新增305处名泉名录》对社会公布,济南近郊又有葫芦泉等10泉被收录。至此,这一区域中的在册名泉已有59泉。

近郊诸泉多是出自山间裂隙的下降泉,出涌量不大,随季节性变化而波动。从雨泉汇流的角度讲,佛慧山之水沿羊头峪东、西沟北流,经护城河—东泺河和大柳行头河北流,回龙山之水沿窑头大沟—全福河北流,龙洞山之水沿大辛河北流,玉函山之水沿兴济河辗转北流,最终注入的都是小清河。青铜山之水经泉泸河—锦绣川—玉符河北流,虽然河道通向黄河，但一般年份，玉符河之水在睦里庄闸被"截流"，转而入小清河。

因邻近济南古城区，近郊诸泉的人文印迹颇多。如果说龙洞山大禹登临的传说、玉函山汉武帝得王母玉函的传说不足为据，那么，散布于近郊诸山的众多北朝—隋唐时期的佛教摩崖造像、题记，则是古人在此区域频繁活动的确凿证据。它们可以佐证近郊诸泉的取用历史由来已久。北宋以来，神乎其神的龙洞祷雨活动和甘露泉试北苑茶的文人雅兴，则是近郊诸泉直接衍生出的人文旧事。

龙泉

龙泉位于历下区千佛山兴国禅寺西门内南侧、龙泉洞内。泉水出露形态为渗流。泉池呈深潭状，为不规则形。龙泉洞口上方为篆体"龙泉洞"石刻，由济南当代书法家任晓麓题写。洞内南侧石壁上镌有多尊隋代佛像。佛像下有一小门，门内是一处垂直的深潭，面积有10余平方米，水深2米。潭水清澈见底，四季不涸。洞壁布满苔藓，粒粒水珠纷纷滑下。夜深人静时，可听到叮咚之声，如同珠落玉盘，极富琴韵。炎夏登山，

龙泉　邹浩摄

白泉泉群、玉河泉泉群

走向洞内，凉气袭人，备感清爽。

龙泉最早记载于明刘敕《历乘》一书："龙泉洞，千佛山殿侧，有水冬夏不竭，味甚甘，煮茗堪比雪水。"龙泉水质甘美，昔日寺内僧人即取此水烹茶。刘敕《千佛山》诗曰："数里城南寺，松深曲径幽。片湖明落日，孤嶂插清流。云绕山僧室，苔侵石佛头。洞中多法水，为客洗烦愁。"清刘大绅《咏龙泉洞》诗曰："千尺高岩万树林，时时洞口老龙吟。不知几夜清秋雨，并作寒泉一水深。"

佛慧泉

佛慧泉位于历下区千佛山风景名胜区南门东 300 米牌坊下，别称"兔子窝山泉"。原为自然水坑，泉水自岩缝流出，积水成洼。修建千佛山景区南门时，砌筑泉池，以假山石驳岸，岸壁镌有泉名"佛慧泉"。泉水出露形态为渗流，属季节性泉，一般冬春旱季无水；夏秋季节，水自岩隙渗出，积于池中。

佛慧泉　左庆摄

甘露泉

甘露泉位于历下区佛慧山开元寺旧址石碑西6米，又称"滴露泉"，别名"试茶泉""秋棠池"。金《名泉碑》、明《七十二泉诗》、清《七十二泉记》均有收录，今名列济南新七十二名泉。泉水出露形态为渗流，长年不枯。甘露泉藏于悬崖下一半隐形山洞中，泉水从岩壁流下，积水成池。今池呈圆形，为半石砌，直径1.9米，深0.97米，水清见底。泉周岩壁上有诸多隋唐时期的摩崖造像。

甘露泉泉畔原为开元寺，亦名"佛慧寺"，建立年代不详。据清末法伟堂《山左访碑录》记载，佛慧山开元寺残造像有"大隋皇帝"字样。据明《历乘》载，甘露泉在"大佛山寺中一洞，其水涓涓而下汇为一池，味甚甘洌，经岁不竭，有'天生自来泉'五字"。

甘露泉泉水来自岩层深处，有"味甘却似饮天浆"的盛誉，尤其适合烹茶。昔日，文人多于此读书品茗，故此泉又名"试茶泉"。王象春在《齐音·登高》中云："登高须上大佛头，红树黄花急暮流。佛慧寺旁看石壁，试茶几代有题留。"泉壁上曾有多处宋代题刻，可惜在明末，题刻的崖壁崩坠了，这些题刻在明崇祯《历城县志》等志书中还有记载。清任弘远《甘露泉》诗云："味同甘露冷同冰，大佛山头一勺清。不信此泉堪煮茗，拭苔拂草看题名。"诗注云："（甘露泉）在大佛山佛慧寺东。清冷甘洌，即明季徐献忠《水品》'山左泉可食者'。"又云："崇宁间，知州事吴同僚属会饮泉上。大观间，知州事梁彦，政和间知州事

甘露泉　左庆摄

蔡居、季德修试北苑茶于此。又,张厉深亦试茶此泉,其余题名不可复辨。"

昔日,甘露泉畔长有多株秋海棠,枝叶茂盛。每逢海棠花开,望之如火,花落池中,甚是美艳,故又名"秋棠池"。泉旁原有小亭,名"滴露亭"。历经沧桑岁月,海棠树和滴露亭早已无踪,唯有这一泓清泉潺潺流淌,至今不息。

此外,"佛山赏菊"为旧时"历城八景"之一,"佛山"指的就是佛慧山。明崇祯《历城县志》记载:"大佛山,城东南十里。一名佛慧山。上有文壁峰,下有甘露泉,中有宝刹曰开元寺,旧名佛慧寺,有宋题名刻记。悬崖凿为石室,昔人多读书其中,今废。此山峰峦突兀,涧谷萦回,

白泉泉群、玉河泉泉群

甘露泉　李华文摄

丹树黄花，更宜秋色，有修落帽故事者，无不吟眺于此焉，故八景标为'佛山赏菊'。"

佛慧山除了开元寺，最出名的就是大佛头和石橛子了。大佛头位于开元寺西南方向，在佛慧山北侧峭壁上，坐南朝北。这尊北宋年间凿刻的高约8米的佛像因仅刻胸肩以上，俗称"大佛头"，佛像前有月台。1924年，佛像外建佛龛，佛龛中间为拱券门，门上的"大雄宝殿"四字为清末历城张英麟所书。在济南城内，远远就能望见佛龛。

佛慧山山顶旧时还有石橛子，这其实是一座尖尖的石塔，为明代济南知府平康裕所立。因远看像一支笔直插山巅，又叫"文笔峰"。明崇祯《历城县志》载："文笔峰，大佛山顶。万历初，平太守康裕建此塔，以助文明之气。"民国时期，石塔还在。解放战争时期，国民党军队在修筑防御工事时将石塔拆除。

长生泉

长生泉位于历下区千佛山风景名胜区佛慧山开元寺遗址东侧石壁下。刻于石壁上的泉名由元朝山东肃政廉访使察罕菩华题写。石刻上方有唐贞观年间镌刻的一尊佛像。泉水出露形态为渗流，积水成池，经年不涸。水质甘美，旧时供僧众饮用。现在，此泉出涌状态良好，经常有游客到此接水。

长生泉为历史名泉，最早见于元代题刻。据1988年《济南市园林志资料汇编》记载，在龙泉洞内南壁西端，有元代的《察罕普华千佛山题名记》石刻，千佛山的"察罕普华"和佛慧山的"察罕菩华"或许为同一人。长生泉在明崇祯《历城县志》、清末王钟霖《历下七十二泉考》以及明清诗文中都有记载。

长生泉　雍坚摄

漏水泉

漏水泉原位于历下区佛慧山南坡漏水桥西、峪沟南侧山崖处。泉水自窟穴中渗漏而出，积于崖前人工凿成的盆形小池中。小池呈不规则形，直径约0.8米。水质甘美，常年不竭。崖壁长约10米，高2米余，多窟穴。夏秋雨季，泉水自小池溢出，沿山峪漫流。

1997年版《济南市志》和2013年版《济南泉水志》对漏水泉均有记载。2021年济南泉水普查时，未找到漏水泉泉口。

2022年，历下区水务局组织对漏水泉进行了恢复，在泉池上方的洞顶上新刻"漏水泉"三字，对泉池周边进行了清淤，设置了铁质标识牌。

漏水泉　董少朋摄

砚池

砚池位于历下区姚家街道砚池山中,又名"砚泉",当代济南新七十二名泉之一。泉水出露形态为涌状,水自池底涌出,汇聚池内,积水成塘,常年不涸。泉池为塘湾状,深达20.5米,水面面积约4000平方米。池东北岸立有碑刻,上书"砚泉",由当代书法家沈鹏题写。泉池西南侧山壁上刻有"秀水天成"四个大字。砚池泉水含有丰富的微量元素,水质上佳,可与趵突泉媲美。

砚池山,古称"燕翅山"。明崇祯《历城县志》记载:"燕翅山,

砚泉碑　左庆摄

■ 白泉泉群、玉河泉泉群

砚池　左庆摄

城东八里。"约在民国时期，燕翅山改称"砚池山"，改名原因不详。1935年《历城县全图》标注有"砚池山"。今砚池旁有当代所立的砚泉碑。碑文记载，砚池由开山采矿而来。1958年，因砚池山上有铁矿石层，人们采矿放炮作业时，突有泉水喷涌而出。有关专家对砚池泉水的出现进行过多次地质勘探和科学考察，认为砚池附近南高北低，临山丘与平原结合部，加之岩层复杂，南山之水很容易渗透过来。开采矿石时，触到了地下泉源主脉，遂出现"甘水涌喷、银柱穿空"的景况。

在20世纪80年代之前，砚池山属荒野之地。后来，随着城市的拓展，砚池周边的道路等基础设施逐步完善，砚池的名气也越来越大，有越来越多的人来此游泳。与其他名泉不同的是，砚池的水温并不恒定，冬天还会结冰。冬泳爱好者常砸开冰面，下水游泳。由于砚池水深，且池底地形复杂，常有游泳溺亡之事发生。2018年后，随着和平路东延工程的进行，对砚池及周边环境也进行了整治和改造提升，同时禁止在砚池内游泳，从而杜绝了溺亡事件的发生。

砚池所在的砚池山，还是济南重要的战略要地。1948年9月16日，解放军东西两线发动猛攻，在砚池山和茂岭山打响了东线战场的"第一枪"，拉开了济南战役的序幕。经过一夜激战，解放军占据了这两处制高点，突破了国民党军队在济南东线的屏障。砚池见证了济南解放70余年来的巨大变化。如今，这里建成了山体公园，成了济南市民休闲观光的好去处。

白泉泉群、玉河泉泉群

浆水泉

　　浆水泉位于历下区姚家街道浆水泉村东、回龙山西麓，南临浆水泉水库。明崇祯《历城县志》、清乾隆《历城县志》均有记载，今名列济南新七十二名泉。泉水为当地村民的饮用水，村民形容水像米脂一样香甜。泉水出露形态为涌状，自崖窟洞底岩孔流出，常年不涸。泉池为不规则形，长约2.3米，宽约1.3米，被东侧回龙山、南侧老虎山、西侧平顶山（与佛慧山相连）环抱。山上枫树、柿树、红榛树众多。盛夏时，大树参天，

浆水泉　李华文摄

浆水泉　左庆摄

绿草深深，野花争艳，令人心旷神怡。

关于浆水泉之名的由来，有个传说。相传有一姓蒋的老者，欲定居此地，但苦于无水，后在山石湿润处凿山出泉，称之为"蒋水泉"，后演变为"浆水泉"。这应当是杜撰。浆水泉最早见于元《齐乘》，载于金《名泉碑》，明、清志书和诗文中都未出现过"蒋水泉"之名。

金《名泉碑》记载的浆水泉与今天的浆水泉并非同一处泉。据元《齐乘》记载，金《名泉碑》之浆水泉在"盘水镇东南"，为发源于龙山镇（金代称"盘水镇"，今属章丘）之南十余里的武原水的源头。盘水镇为金代所置，为历城县六镇之一，元称"般水镇"，明复置龙山镇。明嘉靖《山东通志》和清康熙《山东通志》称在"龙山镇东南"；明晏璧《七十二泉诗》称"泉流乳窦比琼浆，入口浑疑透骨凉。若比醍醐滋味异，较他马潼更甘香"；清郝植恭《七十二泉记》称"米汁之倾也"，均未明确其位置；

明崇祯《历乘》称"有其名而莫辨其址"。明崇祯《历城县志》中的浆水泉才是今浆水泉,"今考百尺涧东南亦有以'浆水'名者,每当瀑发,声撼风雷。流经荆山,入七里河";清雍正《山东通志》称"百尺涧";清乾隆《历城县志》转述了明崇祯《历城县志》的记载。据明《历乘》载,百尺涧在"窑头正南,岩秀而长,亦复陡绝",即当今浆水泉水库附近山涧。清王钟霖《历下七十二泉考》称,"在城东南十四里窑头庄南小村旁。山洞滴如甘浆,石上有巨凹承之,村人序取,四时不竭。夏水涨发,流入七里河",指出浆水泉得名于泉水"滴如甘浆"。据陈明超《济南七十二名泉考疏证》记载,浆水泉北原有真君庙,东西6米,南北8米,创建年代不详,1958年被拆除。

2004年,济南市名泉保护管理办公室、历下区水务局、浆水泉村委会用块石重砌泉池,上嵌大理石匾额,镌有"浆水泉"泉名,泉口置卷帘门,两侧立石条凳。泉南有《重修浆水泉记》,由济南市名泉保护管理办公室立石、高东岳题写。

北井泉

北井泉位于历下区姚家街道浆水泉路 225 号，在浆水泉水库东北山脚下、浆水泉以北约 50 米处。该泉为两口相邻的泉井。

2011 年济南泉水普查时，在此发现一口无名泉井。2013 年版《济南泉水志》有载："无名泉位于历下区浆水泉村，在浆水泉北 30 米处。泉池为石砌长方形，长 1.4 米，宽 1.2 米。长年不竭，为饮用水源。"

2021 年 3 月济南泉水普查时，在上述无名泉北侧 5 米处又发现一口古井。此井外有六角青石井栏，内为青石圆形井口，由不规则自然石砌筑而成，直径 0.43 米，外观古朴。井下 2 米左右可见泉水，水不深，但十分澄澈。古井北侧，2007 年前后建有一座祈福小庙，如今已荒废。2021 年 7 月，上述两井被定名为"北井泉"。

2021 年 9 月，《济南市新增 305 处名泉名录》对社会公布，北井泉被收录其中。同期出版的《千泉之城——泉城济南名泉谱》一书亦著录此泉，该书为济南市城乡水务局（济南市泉水保护办公室）所编。

北井泉　左庆摄

| 白泉泉群、玉河泉泉群

仰泉·黄龙泉·牛腚泉

仰泉位于历下区浆水泉水库东南侧,为水库泉源之一。属季节性泉,一般冬春旱季无水;夏秋盛水期,水自岩孔腾突喷涌,注入水库。近年来,此泉因水库增容而没入水库,只有在枯水期时才露出泉口。

黄龙泉位于历下区浆水泉水库大坝东北约100米处。盛水期,水自岩洞流出,积水成池。池呈长方形,长1.3米,宽0.9米,由水泥修筑。属季节性泉,一般冬春旱季无水,夏秋季节出流较为旺盛。2021年3月济南泉水普查时看到,黄龙泉周边进行了整修,泉池口上添加了木质盖板。

仰泉泉口旧貌　周文来摄

仰泉·黄龙泉·牛腚泉

黄龙泉　左庆摄

牛腚泉　陈明超摄

　　牛腚泉位于历下区浆水泉水库南 300 米、牛腚山峪东侧。池呈不规则形，池岸由自然土石砌成。此泉属季节性泉，一般冬春旱季无水，夏秋季节泉水出涌，由暗渠明沟蜿蜒北流，汇入浆水泉水库。因泉名不雅，近年来此泉又被称为"长寿泉"。

上泉·西沟峪泉

上泉位于历下区二环东路南端老虎山东脚下,原为相距 20 米的上下两池。上池出露形态为涌状水流,属季节性泉,一般冬春季节无水,夏秋出流,池岸由自然土石砌成,水池呈水洼状。下池为井形,由水泥修筑,直径 0.75 米,深 1.2 米,水质清澈,长年不竭,曾为附近村民的饮用水源。2021 年济南泉水普查时,井下泉水清澈。

西沟峪泉位于历下区浆水泉水库大坝西侧峪中。泉池由水泥砌筑,长 3 米,宽 2 米。积水成洼,长年不竭。为保持泉口卫生,近年来将泉池封闭,并置管道与附近居民的饮用水管道系统连接。

上泉上池 周文来摄

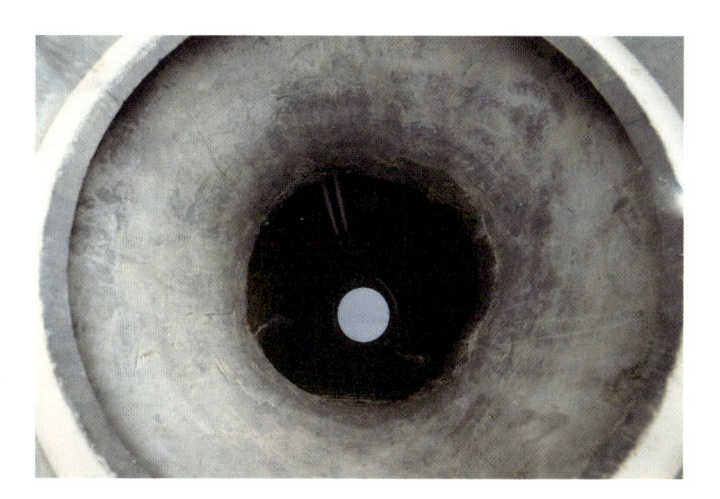

上泉下池　左庆摄

西沟峪泉密封前　周文来摄

2013年版《济南泉水志》和2021年版《千泉之城——泉城济南名泉谱》著录了上泉和西沟峪泉。

此外，浆水泉水库大坝中段东部，还有一眼皮狐泉。泉池为自然不规则形，池口最大直径0.4米。皮狐泉未列入名泉名录，2013年版《济南泉水志》有载。

白泉泉群、玉河泉泉群

琵琶泉

琵琶泉位于历下区二环东路西侧燕子山下、舜联建设集团院内西南角。泉水自岩隙流出，汇入由水泥修筑的琵琶状水池。池长6米，宽2.5米。南侧立假山石，石上镌有泉名"琵琶泉"。属季节性泉，一般冬春旱季无水，夏秋季节出流。

1997年版《济南市志》记载："琵琶泉在浆水泉村西，外环路西侧山坡下。泉自石隙中流出，汇入乱石砌就的琵琶形水池中。旱季干涸。"2013年版《济南泉水志》记载："2011年8月泉水普查时已断流。"2021年版《千泉之城——泉城济南名泉谱》一书亦著录此泉。

琵琶泉　左庆摄

炉泉·白虎泉·煮糟泉

炉泉为金《名泉碑》、清《七十二泉记》所收录之历史名泉。元《齐乘》称其泉址在"南山下",明崇祯、清乾隆《历城县志》载"今迷,莫考"。民国《历城县乡土调查录》载:"在千佛山下,今失考。"

白虎泉为金《名泉碑》、清《七十二泉记》所收录之历史名泉。元《齐乘》称与甘露泉同在大佛山,民国《历城县乡土调查录》记载"在县南大佛山开元寺"。大佛山即佛慧山。今此泉已失其踪。

煮糟泉为金《名泉碑》所收录之历史名泉。元《齐乘》载,在"四里山南"。明崇祯、清乾隆《历城县志》称之为"煮糠泉",记载称:"今考山下无泉,或即道旁野井也。"但晚清郝植恭又将此泉列入《七十二泉记》。民国《历城县乡土调查录》称"相传在城西四里,今失考"。

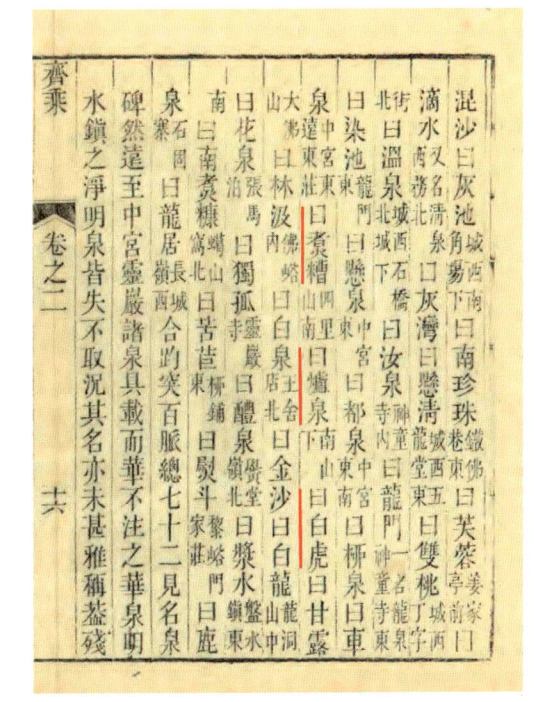

元《齐乘》中对炉泉、白虎泉和煮糟泉的记载

水洞子泉

水洞子泉位于历下区龙洞街道原龙洞庄西、大狸猫山水洞子泉沟崖洞中，洞距地面 1.5 米。2011 年 8 月济南泉水普查时收录此泉。2013 年版《济南泉水志》记载，水洞子泉"洞口宽 1.6 米，高 2 米多。水自洞上方岩缝流出，跌入口径 4～5 米的水池中，水满溢出洞口，沿水洞子沟流淌"。据原龙洞庄居民、爱泉人士周文来先生探查，水洞子内分两层，上层无水，进深约 1 米；下层有一水池，长约 6 米，宽约 2 米，深 0.75 米。

水洞子泉　周文来摄

水洞子泉内景　周文来摄

洞内泉水长年不涸，丰水季节泉水从洞中溢出。

  2021年9月，《济南市新增305处名泉名录》对社会公布，水洞子泉被收录其中。同期出版的《千泉之城——泉城济南名泉谱》一书亦收录此泉。

| 白泉泉群、玉河泉泉群

老鸹泉

老鸹泉位于历下区龙洞街道原龙洞庄西面的大狸猫山上。水出自悬崖下的小石洞，通过一段塑料管就近流入脸盆大小的天然小泉池，然后又通过一段塑料管排出，在悬崖下形成一个长约 3 米、宽近 1 米的天然水洼，中间长有芦苇。老鸹泉的出水量随季节变化，一般冬春季节出水量较小，只有涓涓细流；而夏秋季节出涌旺盛，泉水积满水洼后，沿山坡向下漫流。

老鸹泉地处大狸猫山的山巅。清澈甘冽的泉水虽然不能作为山下居

老鸹泉　邹浩摄

老鸹泉泉口 周文来摄

民的饮用水源，但对维持生态平衡起了积极作用。据原来住在山下的龙洞庄村民介绍，过去常有成群的老鸹在泉边树丛栖息并聚集在泉边饮水，因此，附近群众管它叫"老鸹泉"。近年来，老鸹泉又成为驴友们的休憩之地。远足至此，在清爽的泉边小憩，掬一捧泉水解渴，或者用清凉的泉水洗把脸，格外神清气爽。

2021年9月，《济南市新增305处名泉名录》对社会公布，老鸹泉被收录其中。同期出版的《千泉之城——泉城济南名泉谱》一书亦著录此泉。

| 白泉泉群、玉河泉泉群

葫芦泉

葫芦泉位于历下区龙洞街道大狸猫山岩石下。泉水自岩隙流出，泉口处凿石成池，再用自然石围砌，形成一不规则泉池。泉池一侧的石壁上用红色油漆写着"葫芦泉"三字。此泉一年四季有水，夏秋雨后出涌量尤为旺盛，泉水溢出后在山坡漫流。

据龙洞庄居民、爱泉人士周文来介绍，葫芦泉原为无名泉，"葫芦泉"三字是登山游客用红油漆写的。此泉距水洞子泉只有百余米，位于水洞

葫芦泉旧貌 周文来摄

葫芦泉　马河宽摄

子泉沟东坡路旁，附近的地原来属于中井村。过去，此泉为里外相套的两个泉池，里泉池长0.5米，宽0.4米，深0.15米。里泉池的水通过池壁缺口溢入外泉池，外泉池长1.16米，宽1米，深0.18米。泉池南北两侧，还有石头围墙圈起的简易花池。

2021年9月，《济南市新增305处名泉名录》对社会公布，葫芦泉被收录其中。同期出版的《千泉之城——泉城济南名泉谱》一书亦著录此泉。

老君泉

老君泉位于历下区龙洞风景区入口老君崖下。井状,直径 1 米余,水从井壁中流出,泄入河中,旧时为附近龙洞村的重要饮用水源。古称"朗公井",又名"老君井"。因水质甘美,相传道教祖师太上老君常取此水炼丹,故得名。老君井北侧有四块石板扣成的老君庙一座,庙内原有 1 米来高的老君石像一座。

明崇祯《历城县志》记载:"郎公井,城东南三十里老君崖下,郎公庙貌犹存。"清乾隆《历城县志》和道光《济南府志》亦有载,均称

老君井井口　左庆摄

2004年8月，泉水从老君井井壁外泻景况　周文来摄

之为"朗公井"。

老君井内别有洞天，是一个典型的天然溶洞。1997年版《济南市志》记载："井深莫测，竖降7米，继而折西70余米，可容人进入。曾有人潜水而下，发现井与岩洞相通，阴森可怖，未敢深探。"

济南自古有老君井泉水直通黑虎泉之传说。2006年版《趵突流长：趵突泉之谜》一书记载："老君井是古天然落水洞，井口标高22.5米，井深8.7米，圆筒状，由上寒武纪凤山灰岩构成。地表水大辛石河向北流，井下连接大型水平溶洞，方向北西45°，指向黑虎泉，洞高2米，宽1米，1980年干涸时，人能进入长度160米。"该书还记载，1986年8月1日，山东省教委曾进行济南泉水来源试验，将老君井作为示踪剂投放井，共投入纤维毛壳真菌千亿孢子，8小时后，在黑虎泉水样品中发现示踪物，一天后，趵突泉水样中发现示踪物。试验表明，"老君井地下水直通黑虎泉，趵突泉并非与老君井直通，迟到一天是由于黑虎泉扩散流入"。

林汲泉

　　林汲泉位于历下区龙洞南、佛峪寺东崖。金《名泉碑》、明《七十二泉诗》、清《七十二泉记》均有收录，今名列济南新七十二名泉。泉水自崖壁间石穴涌出，先流入一个直径约1米的椭圆形小泉池，流入下方一个宽约1米、长约3米的石砌中泉池，中泉池之水由池壁继续下流，汇入下方宽约1米、长4米多的大泉池。大泉池之水经管道下泻，注入峪底的下泉池。泉池右上方石壁上镌刻有"林汲泉"三字，何时由

2012 年的林汲泉　周文来摄

2022年10月，林汲泉附近的浴佛池瀑布　雍坚摄

何人题写不详。旁又有清乾隆五十四年（1789）题记，署"乾隆己酉□暑曲阜王方田，历下张撰芳、郭小华同来"。题记经岁月剥蚀、山水冲刷，至今仍依稀可辨。

　　林汲泉四周林茂谷幽，鸣禽啾啾，景色宜人。盛水期，在听瀑亭北60米处的悬崖之上，泉水从崖壁泻下，汇流而成瀑布，飞流直下，似一幅巨型锦缎漫卷在崖前，称"林汲飞瀑"。此景观宜于在钓鱼台之上的听瀑亭内观赏。瀑水落于崖下石潭，浪花四溅，然后漾溢而出，流淌在幽深蜿蜒的溪谷内。潭水澄澈，巨石横出。磐石上刻有清乾隆六十年（1795）隶书"浴佛池"三个大字。

　　明崇祯《历城县志》称："林汲泉，佛峪内钓台下。泉自壁间飞泻，穿云度樾，而归于壑，最为名胜。"清乾隆年间，历下学者周永年在此建林汲山房，著书立说，晚年绘制《林汲山房图》。清张庆源的《林汲山房记》称:"城之南三十里为白云山,山半为般若寺,寺后为林汲泉,泉流为瀑布,三渟潴者而始放焉。其三潭有横石当之瀑,遂环石而分注。周子尝读书寺中,为屋数椽,名之曰'林汲山房'。"

周永年(1730—1791),字书昌,家住济南城西的东流水附近,曾在林汲泉畔读书,别号"林汲山人",人称"林汲先生"。他出生于商人之家,深知一般人家读书的困难,自幼就立志要创立一部《儒藏》(效仿佛教《佛藏》和道教《道藏》创立儒家《儒藏》),并力图创建藉书园,普及文化。他又参与了清廷主持的《四库全书》的修纂,并且取得了较好的成绩,但仍不忘推广藉书园,终因财力不足而抱憾以终。清代董芸在《林汲泉》诗注中说"周书昌师读书般若寺中最久,学者称'林汲先生'。尝建茅亭于钓台上,曰'一草亭'",其诗称:"林汲先生旧典型,萧萧白发抱遗经。钓台人去无今主,犹剩乾坤一草亭。"周永年去世后,散余的书籍为其子周震甲收藏。今山东省图书馆珍藏了周氏藉书园藏书一部,为明代胡应麟所撰的《诗薮》。

露华泉

露华泉位于历下区龙洞佛峪般若寺遗址内,旧称"一勺泉",别称"添釜泉""乳泉"。泉水从石壁裂缝中渗出,簌簌而下,积于石壁下泉池中。泉旁石壁上镌有篆书"露华泉"泉名,石壁上还依然可见清光绪六年(1880)十一月所镌的"云殿泉厨"四字,字迹苍劲有力,落款为"子和张玢书"。

明崇祯《历城县志》记载:"一勺泉在佛洞下。池仅如盆,挹取不匮。"该书在记载东佛峪时,称般若寺"泉出厨间,云生殿内,尤为胜绝"。此出于厨间之泉,当指一勺泉。清乾隆年间,诗人郝允秀曾作《一

2021年10月,露华泉 雍坚摄

勺泉》诗："半壁涓流水，石池大如盆。添釜春不竭，洗砚冬常温。至今佛殿侧，犹见一勺存。"诗前跋曰："僧人又呼为添釜泉。"据济南文史学者魏敬群先生考证，"一勺泉"的名称发生更替大概在清道光至同治年间。清道光《济南府志》尚载有"一勺泉"，但在清同治四年（1865）进士濮文暹的诗文中，已经用"乳泉"和"露华泉"来代指此泉。濮文暹《佛峪红叶》诗中有"乳泉幸可品，洗心先洗目"句，其《游佛峪记》中，写到乳泉"泉由裂石间横浸而珠落，小石如臼受焉。名厥味曰'乳'，肖厥形曰'露华'"。此文最后一句的大意是，泉以其味命名的话可以叫"乳泉"，以其形命名的话可以叫"露华泉"。当代有记载称"露华泉又称乳肖泉"，当是出于对濮文暹这句话的误读。

壶嘴泉·金龙泉

壶嘴泉位于龙洞佛峪般若寺遗址西约 200 米处的罗圈崖下，属于市中区兴隆街道办事处铲村。属季节性泉，冬春季节出流微弱甚至断流，夏秋季节则出流较旺。该泉从山坡下的石穴中流出，先流进出水口旁边的一个小泉水池中，然后沿山峪漫流。泉池为石砌长方形，长 0.9 米，宽 0.5 米。泉水旁的石头上镌有篆书"壶嘴泉"，还悬挂有一个指示牌，扫码

壶嘴泉　郭学军摄

金龙泉 陈明超摄

可听喷涌时的泉水声。2021年4月济南泉水普查时,铲村村委委员陈志强介绍说,这个泉原来流水跟茶壶壶嘴出水一样,所以叫"壶嘴泉",当地老百姓也管它叫"茶壶泉"。

金龙泉位于龙洞佛峪北首东侧山坡。泉池为石砌长方形,长3.4米,宽2.1米。泉水出露形态为涌状,积水成池。此泉的出涌量随季节变化而变化,冬春季节较小,夏秋季节较大。泉池由水泥板封盖,水由池壁溢水管流出,泻入峪谷。泉旁岩石上镌有"金龙泉"三个大字。

白龙泉·金沙泉·黑龙泉

白龙泉、金沙泉和黑龙泉均位于龙洞西北侧山涧中,为济南历史名泉,三泉又别称为"白龙潭""黄龙潭"和"黑龙潭"。由于龙洞"岩穴外阻而中豁,径路斗折而蛇行,多怪石幽泉,能出云气、作雷雨"(晏璧《济南七十二泉诗序》),古人以为此处有龙潜伏,遇有天旱来此祈雨,祷雨辄应。而三龙潭所在之处,则是古人祈雨之所。盛水季节,山水与泉水相汇于潭中,顺山涧层层叠叠而下。枯水季节,水流甚小,积为水洼。

白龙泉和金沙泉均为济南名泉家族中的"三朝元老",金《名泉碑》、明晏璧《七十二泉诗》、清郝植恭《七十二泉记》均有著录。晏璧《七十二泉诗》中的《白龙泉》诗曰:"白龙已逐白云飞,鳞甲时时漾绿漪。月白风清天似水,一泓元是化龙池。"《金沙泉》诗曰:"白龙泉畔有金沙,清水红莲胜若耶。一脉直通云汉路,岂无仙客泛灵槎。"关于二泉泉址,明崇祯《历城县志》有明确记载:"白龙泉,龙洞。一名白龙潭,在金沙西北。

白龙泉　周文来摄

白泉泉群、玉河泉泉群

金沙泉冬景　周文来摄

流入圣寿院。"

黑龙泉的名气比白龙、金沙二泉要小,仅被明晏璧《七十二泉诗》著录。《黑龙泉》诗曰:"澄潭万顷碧如油,泉水流来石洞幽。夜半龙归云雾黑,散为膏雨泽齐州。"关于黑龙泉的具体泉址,明清及民国方志缺载。

对于白龙、金沙、黑龙三泉泉址,当代文献主要有两种观点。

观点一认为,白龙泉、金沙泉和黑龙泉自西(北)向东(南)依次分布。如1994年《龙洞风景区规划图》中,在龙洞西北峪内,自西北向西南依次标注有白沙(龙)泉、金沙泉、黑龙泉;再如2002年《泉·天下奇观》、2006年《趵突流长:名泉集萃》均认为,三泉自西(北)往东(东)依次是白龙泉、金沙泉、黑龙泉。

观点二认为,黑龙泉、白龙泉和金沙泉自西(北)向东(南)依次分布。如1997年《济南市志》和2013年《济南泉水志》均记载,"白龙泉,

黑龙泉　周文来摄

在金沙泉北约 30 米""黑龙泉，在白龙泉北侧"。

　　据原龙洞庄居民、爱泉人士周文来先生考察，观点二当更切合自然风貌和历史记载。据此观点，黑龙泉位于三泉最西北方，黑龙泉之下 20 多米处为白沙泉，旁边崖壁上有明嘉靖癸丑年（1553）明人项守礼、许应奎、沈应龙所刻题记。白龙泉之下约 30 米处为金沙泉，泉水出自石壁裂隙，积于峪底。鉴于三泉所在山涧的积水处不止三处，周文来先生所指的三泉泉址尚待进一步考证。

悬珠泉

悬珠泉位于龙洞洞口石壁上。水自石壁渗出,滑滚下落,故得名。此泉无泉池,属季节性泉水,一般冬春旱季无水,夏秋雨季出涌,雨后水势尤其旺盛,泉水汇入峪沟。

悬珠泉为历史名泉,明晏璧《七十二泉诗》、清郝植恭《七十二泉记》均有收录。《七十二泉诗》中的《悬珠泉》诗曰:"泉脉如悬禾米珠,源头活水世间无。洞深恐有骊龙卧,吐出香涎下鹊湖。"明清及民国时期的历城地方志中,均著录此泉。明崇祯《历城县志》记载:"悬珠泉,龙洞口。"

据爱泉人士周文来先生考证,雨季,悬珠泉由龙洞口楹联之上联文字"真气森喷薄"处的岩缝中滚落而下。

悬珠泉出自龙洞口岩缝　周文来摄

一指泉

一指泉在龙洞寿圣院遗址西侧河北岸、三秀峰下，因传说有高僧卓锡于此，借禅意而称"一指泉"。泉池为石砌井形，上方下圆。井口长宽各约0.5米，深约8米。井外垒有2米多高的护井石堰。此泉常年不涸，旧为饮用水源。

传世文献中，清嘉庆进士冯询《子良诗存》中曾著录《游龙洞、佛峪诸山杂诗》，诗曰："七十有二泉，滚滚入城市。虽曰性伏流，毕竟污尘滓。岂知诸泉外，更有功德水。借此泉一掬，悟彼禅一指。"该诗笺注中，称"龙洞有一指泉，传闻有高僧卓锡曾至此"。

1926年民国《续修历城县志》中著录此泉。1928年孙宝生所编《历城县乡土调查录》记载："一指泉，在县东南龙洞圣寿院内"。1941年《济南名胜古迹辑略》记载："一指泉，在龙洞山。"1942年《济南市山水古迹纪略》记载："一指泉，在龙洞山上。"

此泉未列入济南市名泉名录。但当代文献中，1997年《济南市志》和2013年《济南泉水志》均著录此泉。据原龙洞庄居民、爱泉人士周文来先生介绍，一指泉外观原来是人工凿成的石瓮，直径0.4米，深1米左右，泉水由岩隙流出，积于瓮中。20世纪80年代，才改造砌筑为石井。

■ 白泉泉群、玉河泉泉群

一指泉外观　周文来摄

一指泉泉口　周文来摄

白云泉·凤凰池

　　白云泉位于历下区龙洞马蹄峪尽头、白云山主峰东北向山梁西侧陡崖下，因依白云山而得名。陡崖高约15米，下部凹进，呈石窟状。泉水自窟穴中流出，汇入2米宽的石砌方池，再流入与小池相连的大池。大池南北长20米，东西宽约6米，一面临崖，三面为石砌。泉水出露形态为涌状，长年不竭，积水成池。池内青藻浮动，水清碧透，久旱不涸。泉北侧为白云洞，又称"白衣仙人洞"。洞深10余米，宽四五米。1997

2021年11月，白云山下白云泉　雍坚摄

| 白泉泉群、玉河泉泉群

凤凰池外景　周文来摄

年版《济南市志》记载,"此处山高谷深,林木繁茂,白云悠悠,流水潺潺,不是仙境胜似仙境"。

  凤凰池位于历下区龙洞马蹄峪西南峪底北沿一石屋内,因传说有凤凰来此饮水而得名。泉池为石砌长方形,池上覆水泥板。泉水出露形态为涌状,长年不竭。泉池附近有长约35米、宽10～30米的塘湾状大水池,面积700多平方米。夏秋季节池水充盈,池中水草繁茂,岸边垂柳依依。周边青山环抱,葱茏苍郁。池水澄明如镜,山树倒影入池,景致清幽秀美。

金鱼泉

2013年《济南泉水志》记载，金鱼泉位于"佛峪钓鱼台东。泉池石砌长方形，长4.3米，宽1.1米。泉水出露形态为线状水流，常年不竭，积水成池，为饮用水源"。

据原龙洞庄居民、爱泉人士周文来先生介绍，20世纪七八十年代，济南林场龙洞林区为了取水方便，在林汲泉下面建一泉池，引林汲泉水注入，当时的林区负责人车洪昌将此泉池命名为"金鱼泉"。2013年《济南泉水志》所载的"金鱼泉"即为该泉池，其实它是林汲泉之下池。

2021年《千泉之城·泉城济南名泉谱》一书，将龙洞后老婆岭西北坡山脚下一圆形泉池定为"金鱼泉"。据原龙洞庄居民、爱泉人士王传友先生介绍，此泉池之水其实引自千米外的金龙泉，故泉池上方刻有"金龙泉"三个字。

白泉泉群、玉河泉泉群

金鱼泉　雍坚摄

赤龙泉

赤龙泉位于历下区龙洞风景区停车场南 500 米处的山脚下泉屋中,有里外三个泉池。泉屋内的小泉池依山而建,为半石砌,大致呈葫芦形。泉水自岩隙流出,积于池中,长年不竭。葫芦形泉池水满后,溢流而出,流入屋外一个小型长方形泉池。该泉池长约 4 米,宽约 2 米。此泉池旁又建有一个大型长方池,长约 38 米,宽约 10 米。大长方池的水,是小长方池之水通过暗道流入的。

据了解,民国时期,山东省政府主席韩复榘来龙洞佛峪游玩时,发

赤龙泉泉池内景　左庆摄

赤龙泉外的大长方池　左庆摄

现此地山清水秀、适宜避暑，就修建了别墅和泳池，并引山泉之水注入泳池。如今，别墅已难寻其迹，而当年修建的泳池即是现在看到的大型长方池。此泉为2011年8月济南泉水普查时新录入的泉点，原为无名泉，2021年定名为"赤龙泉"。同年9月，《济南市新增305处名泉名录》对社会公布，赤龙泉被收录其中。同期出版的《千泉之城——泉城济南名泉谱》一书亦著录此泉。

据原龙洞庄居民、爱泉人士周文来先生介绍，2011年龙洞庄拆迁前，在庄东侧（位置约在龙鼎立交桥下）原有一无名泉池，为附近居民饮用水源。由于多位村民曾目睹泉边有红冠蟒蛇出没，故将其称为"赤龙泉"。龙洞庄拆迁后，该泉消失。

逻岩泉

逻岩泉位于市中区兴隆街道铲村佛峪大沟崖下。该泉因后面山体呈半圆形且直上直下，泉水自岩底流出而得名。据传说，唐末宋初，来自泰山的两个道姑在此采药时，发现岩底有鸟儿喝水，经挖掘，涌出了汩汩泉水。两个道姑遂在此建庙定居，庙称"二姑庙"，泉曰"二姑泉"。今二姑庙已废，遗址处建有护林房。泉水出露形态为涌状，长年不竭。

2021年济南泉水普查时，逻岩泉泉口已被棚盖，泉口旁建有一个长约5米、宽约3米的石砌泉池，留有方形取水口。据介绍，泉水由水管引出通入村内，供佛峪内的住户饮用。同年9月，《济南市新增305处名泉名录》向社会公布，逻岩泉被收录其中。

逻岩泉泉池取水口　李震富隆摄

柳树井泉

柳树井泉位于市中区兴隆街道铲村村中。泉池外观为井形，井旁原有棵高大的柳树，所以村民都叫它"柳树井泉"。现在，井泉旁边还有一个龙王庙石屋，是村民祈盼泉水丰沛的寄托。该泉井水深 7.6 米，水面距井口 2.4 米。井壁用石头垒砌，井口呈圆形，井口的一圈石壁已经被磨得非常光滑。泉水长年不竭，村民现在仍用这泉井的泉水。

在柳树井泉南侧 50 米远处，有始建于隋唐时期的白云观，距今已有 1300 多年的历史。白云观内有一株银杏树，雌雄合抱，距今有 1300 余年历史。该村村委会委员陈志强介绍说，当年白云观建在柳树井泉旁边，就是为了便于观内人员用水。

2021 年 9 月，《济南市新增 305 处名泉名录》向社会公布，柳树井泉被收录其中。

柳树井泉旁边的小型龙王庙石屋　郭学军摄

柳树井泉井口　郭学军摄

斗母泉

斗母泉位于市中区兴隆街道青铜山斗母泉村北崖下。泉水从岩壁石洞中流出，通过石雕龙首吐入正方形石砌泉池中，是当地村民的主要饮用水源。泉池边长3.2米，深1.5米。自1991年起，泉池右侧先后修建了两个蓄水池，能蓄积泉水400立方米。蓄水池顶部用水泥预制板遮盖，作为村民和游客的活动平台。泉池北面的影壁墙上镶嵌着2001年5月18日所立的斗母泉碑，碑文称"常饮泉水，不得疾病，众人受益，乃神水也"。

斗母泉地处海拔754米的青铜山西北山阴，为当代济南新七十二名泉中海拔最高之泉。据2013年版《济南泉水志》记载，斗母泉有趵突泉"晴雨表"之称。在夏秋之际的盛水期，当斗母泉日喷涌量达到七成时，趵突泉必喷无疑。

在斗母泉影壁墙后的山坡上，长有两棵树根盘曲连生的大树，一株是刺楸，另一株是车梁木。刺楸树高10.5米，主干高4.5米，直径约1尺，树冠呈平顶圆形，长势旺盛。车梁木直径近1米，但已经枯死，巨型枯干仍留在原处，枯干左侧长出的小车梁木如今已经有2米多高。

在斗母泉前的马路南侧，与泉水遥遥相望的是一座斗母宫。斗母宫的正殿建于高台之上，面阔三间，虽然顶部换成了红瓦，但垂脊上的灰瓦和山墙上的青砖依然保持着旧时风貌。当地人称斗母宫为"斗母庙"，戏称庙里供奉的斗母奶奶与泰山老奶奶为亲姊妹。清同治十一年（1872），

白泉泉群、玉河泉泉群

斗母泉　王琴摄

斗母泉　雍坚摄

重修斗母庙，碑文载有"昔日痘母庙一座，汲泉一眼"。据此可知，斗母庙原为痘母庙，供奉的当是痘疹娘娘。痘疹娘娘又称"天花娘娘"，是民间信仰中司痘疹的女神。痘母庙后因谐音衍为"斗母庙"。在道教谱系中，斗母为北斗七星的母亲，即斗母元君，乃道教崇拜的女神。

斗母泉之名与斗母庙之名并非同时产生。明崇祯十三年（1640）《历城县志》最早记载了此泉的存在，当时称"窦姑泉"，在"大佛寺北顶"。清康熙《济南府志》、乾隆《历城县志》、道光《济南府志》、1927年《济南快览》等书都沿袭了这种说法。同治十三年（1874），郝植恭作《七十二泉记》，将窦姑泉正式收录进济南七十二名泉，原文为"曰窦姑、曰罗姑，泉从乎姓也"。

今斗母泉村旧称"突母泉村"。清光绪三十四年（1908）山东测绘局所绘《商家庄》地图和1933年《历城县全图》均标为"突母泉"。

白泉泉群、玉河泉泉群

斗母泉附近的斗母宫　雍坚摄

1947年《山东省历城县中宫镇》地形图上始见"斗母泉"之村名标注。由此推断，窦姑泉改称"斗母泉"，最迟是在20世纪40年代。据斗母泉村村委会主任路希平介绍，如今的斗母泉村是一个由斗母泉、碉堡峪、小泉、西坡、东坡、白花泉、南圈、边庄、岭子西等9个自然村组成的行政村，共有村民289人。因斗母泉是9个自然村中出水量最大的泉，所以当地人一直称它为"大泉"。

白花泉

白花泉位于市中区兴隆街道白花泉村东南石崖下。泉池呈长方形，长约11米，宽约5米，除北面靠山外，其余三面为青石垒砌。泉水自岩缝中流出，汇入池内，过去为白花泉村村民的主要饮用水源。遇到降水丰沛的年份，泉水会溢出泉池，顺势流入东侧幽深的王家窝坡南峪。

2021年3月16日，济南泉水普查队在现场发现，从上面的山路绕下去才能抵达白花泉泉池。这里的生态比较原始，泉池北侧的山坡上都

白花泉　雍坚摄

是自然生长的灌木和乔木。据了解，近年来，白花泉在冬春节出水较少。自从村里通了自来水后，很少有人来此取水。但是很多人都知道这眼泉历史悠久。清光绪三十四年（1908）山东测绘局所绘《商家庄》地图上已标有"白花泉"之村名。由此可推知，村以泉名。而白花泉之名，最迟在晚清已经出现。

明永乐二年（1404），江西庐陵（今江西吉安）人晏璧来济南任山东按察司佥事，任职期间作了《七十二泉诗》。其《白花泉》诗曰："石泉流出白花浮，喜傍禅林似虎丘。好悟西来空色意，世间万事等浮沤。"有人认为，晏璧所咏白花泉即今白花泉村的白花泉。经考证，晏璧所咏白花泉其实是明崇祯《历城县志》所记载的另外一处白花泉，该泉位于"大佛寺东。飞泻漫流，曲尽幽姿，流经孤山入锦绣川"，即今南山管委会锦绣川办事处北崖村之百花泉。

南圈泉

　　南圈泉位于市中区兴隆街道南圈村村西、青铜山北坡,因村名而得名。原来泉口处是一个边长 4 米、深 5 米的泉池,顶部被水泥板遮盖,仅留有一个长 0.6 米、宽 0.4 米的井口。泉水自池子南部岩壁流出,四季不竭,是南圈村村民唯一的饮用水源,其历史可追溯到建村之初。

　　2021 年 3 月 16 日,济南泉水普查时发现,南圈泉井口上方已用空心砖搭盖起一座简易小屋。推门走进小屋,从井口望下去,里面泉水波动,叮咚作响。南圈村是斗母泉行政村下辖的一个自然村,只有 10 户人家。斗母泉村村委会主任路希平介绍说,南圈泉是从大石梁上往下凿出来的泉,一年四季都有水。2014 年前后,泉池上修建了小屋,以免树叶杂物弄脏水源。经现场测量发现,南圈泉的泉口海拔 575 米,比斗母泉还要高 20 多米。

南圈泉　雍坚摄

边庄北泉·边庄南泉·边庄西泉

　　边庄北泉、边庄南泉、边庄西泉位于市中区兴隆街道边庄村边南山脚下，三泉大致分布在东西20多米长的同一条线上，海拔约541.87米。

　　最东面的泉位置偏北一点，按三泉的相对方位，被称为"北泉"。泉池外观是一个方形井口，上面架设着汲水用的手压井泵。由井口望下去，里面是一个青石拱券顶的长方形泉池，长约4米，宽约2米，深约4米。中间的泉因位于北泉西南侧，被称为"南泉"。泉池外观是一个半米来高、直径1米左右的抱鼓石状井沿，上面盖着铁皮井盖。揭开井盖，可见方形井口，再往下则是一个与北泉相仿的石砌拱券顶泉池，里面泉水清澈，

边庄北泉　雍坚摄

边庄南泉　雍坚摄　　　　　　　　　　　铁井盖下即边庄西泉　雍坚摄

泠泠作响。由南泉往西约三四米处，水泥地面上有个铸铁井盖，井盖下面便是西泉。

在南泉、西泉南侧，建有一堵起护坡作用的石墙，墙上有"边庄三泉"的醒目大字，还镶嵌着《边庄三泉》碑。据碑文可知，2014年7月，由济南市城市园林绿化局（市名泉办）出资，市中区园林局对边庄三泉进行了修葺。边庄是斗母泉村下辖的一个小自然村。斗母泉村村委会主任路希平介绍说："边庄三泉一年四季都有水，夏天雨后开泉的时候，泉水会从泉口直接顶出来。"

西坡南泉

西坡南泉位于市中区兴隆街道西坡村西南、小泉村北山坡下。泉口为水泥砌筑并被棚盖，留有一个长方形井口，从井口往里看，可见一个青石拱券结构。此水通过水渠与东侧的长方形水池相连，水池为青石砌筑，目测十几平方米，水池外即王家窝坡南峪。

1997年版《济南市志》、2004年《济南市名泉名录》、2013年版《济南泉水志》均称此泉为"西坡南泉"。2021年3月济南泉水普查时，根

西坡南泉　雍坚摄

西坡南泉旁的蓄水池　雍坚摄

据 2011 年的定位找到此泉。斗母泉村村委会主任路希平和小泉村村民霍春贵均介绍说，此泉已经有数百年的历史，过去是西坡村和小泉村村民的饮用水源。因水流小于俗称"大泉"的斗母泉，又得名"小泉"。

西坡北泉

西坡北泉位于市中区兴隆街道西坡村东北，在一堵高4米左右的石砌地堰下。原为石缝中自然出露之泉。泉水出流后，顺山势流入王家窝坡南峪。西坡北泉自西坡村建村之初就有，已经有数百年的历史。因位于西坡村村后，当地人又称之为"后泉"。20世纪90年代，村民重新对泉口处进行了砌筑，留有一个方形井口，井下泉水通过一个吐水的龙头流入旁边300立方米的蓄水池。

西坡村是一个只有十来户人家的小山村，隶属斗母泉行政村。2021年3月，斗母泉村村委会主任路希平介绍说，此泉的出水量比较大。20世纪六七十年代天旱时，山下王家窝坡的人都来此打水。另据了解，西坡北泉还别称"豆腐泉"。相传很久以前，每天早晨，这个泉口就会流出一块块雪白的豆腐，很多村民都起大早来这里捞豆腐。这听起来太过离奇，或许，"豆腐泉"之名源于此泉之水很适合做豆腐。

西坡北泉　雍坚摄

南岭泉

南岭泉位于市中区兴隆街道斗母泉村宝兴山生态陵园内。因泉水源自青铜山北的南岭山顶，旧称"南岭泉"。南岭又称"宝兴山"，因此此泉近年来被称为"宝兴泉"。

2021年3月，在斗母泉村村委会主任路希平引领下，济南泉水普查队在宝兴山北坡一树林中见到了宝兴泉。此泉过去是水泥板棚盖的石砌长方池。水自岩缝涌出，流落池内。如今，泉口被砌筑为方形井口状，井口外围砌筑了水泥护栏，栏板上饰有荷花、祥云图案，四角有望柱。护栏南侧立有带屋檐状碑额的泉碑，碑面刻有"宝兴泉"三个字。由方形井口往下望，可见一个长方形泉池。经测量，泉池深度为3.5米，池底水深0.6米，泉口处海拔为509米。据了解，泉水旧时多用于灌溉农田、果木，遇到缺水年份，附近村民也会来此打水饮用。

南岭泉 雍坚摄

白泉泉群、玉河泉泉群

寄宝泉

　　寄宝泉位于市中区兴隆街道碉堡峪村村内。该村有三泉，统称为"寄宝泉"。一泉位于村内一居民家中的墙体过道内，泉水从池中涌出，夏天出流旺盛，据说此泉年代最早，建村时就有；一泉在一村民家中，为石砌圆口井；还有一泉在路边山崖下，外观为红砖砌筑的方形井，边长约0.5米，井壁为石砌，井底泉水清澈。此泉井旁边是个青石砌筑的大池子，池长约3米，宽约2米，底部有积水。碉堡峪村村民李存财介绍说："这

寄宝泉　雍坚摄

个井是 20 世纪 50 年代挖的，旁边这个池子是用来蓄水的，一到夏天大雨后，池子上方的石缝中就会涌出泉水来，流到这个池子里。"

据了解，碉堡峪村原名"寄宝峪村"。相传，古时候这里比较荒凉，一群逃荒的人来到这里想定居，恰逢一位僧人，就上前讨教风水。僧人指着面前的一个山峪说："那边的石缝里藏了一宗财宝，你们到那里去定居吧。只要能找到，财宝就归你们。"人们信以为真，就在此住了下来，并天天到石缝里寻找宝物。一天天过去了，并不见宝物踪迹。但是石缝里泉水旺盛，大家就在这珍贵的水源附近开荒种地，形成村落后，就叫"寄宝峪"。石缝里流出的泉水，就叫"寄宝泉"。寄宝峪的名字叫来叫去，变成了"碉堡峪"，但"寄宝泉"的名称延续了下来。

| 白泉泉群、玉河泉泉群

小泉

  小泉位于市中区兴隆街道斗母泉村北部，小泉村南侧山崖下台地上。1997年版《济南市志》记载："在青铜山北，十六里河镇小泉村内。因泉水小于俗称'大泉'的斗母泉而得名。为村民饮用水。"

  2013年版《济南泉水志》记载："因泉水量小于俗称'大泉'的斗母泉而得名。泉池呈长方形，石砌，长0.7米，宽0.6米。泉水出露形态为

2021年3月，小泉泉址（箭头所指处）　李震富隆摄

小泉泉口　周文来摄

渗流，常年不竭，为农田灌溉水源。"

2021年3月济南泉水普查时，小泉泉池无水，位于小泉村旁树林中。由于久已不用，泉池周边长满杂草。据了解，此泉出水量不大，一般夏天雨后才会有水。而在小泉村村民眼里，他们多数人把小泉村北山坡下的西坡南泉视为"小泉"，那里曾是旧时小泉村村民的主要饮用水源。

南峪泉

南峪泉位于市中区兴隆街道青桐山村村南的山坡下，原来是个敞口小泉池。泉水自南侧岩壁流出，积水成池，一年四季有水。夏秋季节，泉水出流量大，溢出泉池后沿南峪沟顺势下流。

2021年3月济南泉水普查时发现，泉池长13.3米，宽约4.5米，顶部被遮盖，形成了一个较为宽阔的水泥平台。水泥平台南侧留有一个长2.4米、宽1.2米的池口，周边立有不锈钢护栏。由池口下望，可见池深约3米，底部泉水清澈。经现场测量，南峪泉海拔640米，为青铜山诸泉中地势最高的。时年58岁的青桐山村村委耿学亮介绍说，南峪泉是青桐山

南峪泉　雍坚摄

南峪泉　雍坚摄

村最早的泉源，从建村的时候就已经存在。这个泉位于南峪沟的山坡上，人们原来都叫它"南峪泉"。1964年，对南峪泉的泉池进行了整修，用石头砌了个小池子，从那以后，它又被称为"四清泉"。2008年，市中区水务局出资对南峪泉泉池进行了扩建和整修，建成了现在的样子。由于地处偏僻，在既往泉水调查中，南峪泉常被忽略。

2021年9月，《济南市新增305处名泉名录》对社会公布，南峪泉被收录其中。

大岭泉

大岭泉位于市中区兴隆街道办事处大岭村旧址东北方向的山沟尽头。泉水出自山崖峭壁之下，四季长流，汇入兴济河，乃兴济河之源头。今泉水渗流处被砌成一个12米×10米的水池，水池有三四米深，泉眼就淹没在水池底部，在水面可见泉水渗出的水泡。泉池东侧高约5米的悬崖上有一个天然石洞。石洞口岩壁上有三处摩崖题刻，其中一处题有"清水池"三个大字；另一处题刻是清宣统元年（1909）所刻的《公修池碑记》，记录了当年捐款修池的人名，绝大多数是苏姓村民；第三处题刻是"禁止牛羊"四个大字，没有落款时间，但从风化程度看，也应该有上百年历史。据说，此处是当年为了保护泉水不受污染，禁止牛羊来此饮水而刻写的。

泉池南边有一座龙王庙，是村民祈盼水源茂盛的寄托。再往西100米处，有一个近年来新修的塘坝，在泉水丰沛期用来拦蓄泉水。据传说，曾有苏姓兄弟二人到此落户，发现了南北两处泉眼，为其取名"鸳鸯泉"。后来大哥搬走，北边的泉眼干涸。人们把南边仍喷涌的泉称作"大岭泉"。

2021年3月济南泉水普查时，大岭村村委会主任苏军保介绍说，山洞旁《公修池碑记》所刻的清末修池主事人就是他的曾祖父。以前，大岭村整个村子和附近村庄都吃这眼泉水，可以说它造福了一方百姓。

大岭泉

大岭泉泉池　陈明超摄

"清水池"石刻　郭学军摄

芙蓉池

芙蓉池位于市中区兴隆街道王家窝坡村村北的小北山峪黄石崖下。现在的芙蓉池上面建有一个带石门的石屋，石屋的门楣上镶嵌着一块石匾，刻有"芙蓉池"三个字。石屋为拱形顶，内部空间犹如防空洞的单间。泉水从北面石墙底部缝隙不停溢出。石头泉屋门外有一块石碑，是济南市名泉办和市中区园林局于2015年12月15日所立，上刻芙蓉池简介，介绍了此泉已经有400多年历史，是村里的水源。

芙蓉池　李震富隆摄

芙蓉池外大蓄水池棚盖前外观　郭学军摄

  2021年3月济南泉水普查时，王家窝坡村党支部书记刘鑫介绍说，芙蓉池水质甘冽可口，每年夏季开泉后，水量大，泉水先流到石屋门外的石坑里，再通过进水口流到下面的大蓄水池里。蓄水池已被棚盖，大约10米×20米，有水管将水引到山坡下的村民家中。夏秋季节，村民都用芙蓉池之水，淡季的时候才改用自来水。

  历史文献中，未见关于芙蓉池的记载。2015年4月18日，《生活日报》首次报道了此泉的存在。2021年9月，《济南市新增305处名泉名录》将芙蓉池收录其中。

| 白泉泉群、玉河泉泉群

蕊珠泉

蕊珠泉位于市中区玉函山阴佛峪寺遗址内，在隋唐佛教摩崖造像西侧天然石棚下。一股细流自岩壁上渗出，注入平地凿出的长方形泉池。池长约1.2米，宽约0.8米，深约0.3米，后又在原池左侧开挖、修垒了两个方池。因细流撞击，池内过去常有水花泛起，如蕊似珠，故得名。寒冬来临之际，泉池上的崖顶上会垂下一簇簇冰锥。佛峪寺居玉函山半

蕊珠泉　雍坚摄

山腰，旧时香火旺盛，众僧的部分饮食起居用水便源自蕊珠泉。

蕊珠泉堪称是玉函山诸泉中的第一名泉。泉旁崖壁上镌有元代济南籍名臣、史学家张起岩撰书的题记。此题记刻于元至元庚辰（至元六年，即1340年），虽字迹漫漶不清，仔细辨识后依稀可见"岩出乳泉□滴夹石像……作二方池，甘冽澄澈，已而漫流"等内容，由此可知，对蕊珠泉凿池贮存、取用的历史由来已久。

明崇祯《历城县志》记载："蕊珠泉，西佛峪崖上。"民国时期，玉函山成为济南近郊旅游名胜。诸多文献在介绍玉函山时，都将蕊珠泉列为重要景观。1927年版《济南快览》称，玉函山"山上有卧佛寺，其南有蕊珠泉。亦奇观也"。1997年版《济南市志》记载称，蕊珠泉"盛水季节，泉水溢出，从北面的石隙中泻出，顺势跌落崖下。夕阳返照之时，从远处看去，犹如一道金线，景观甚奇。若值深秋，红叶满谷，黄花遍野，翠柏相映，景色更佳"。

2021年3月，济南泉水普查时发现，由于长期无人清理，佛峪寺遗址满目狼藉。蕊珠泉下，主泉池内尚贮有半池泉水，而左侧两泉池中，仅一池有水。

王母池

王母池位于市中区玉函山近山顶处的北坡平地中,是一个规模较大的石砌长方形泉池。泉池长 10.5 米,宽 3.5 米,深 4.5 米,池壁高出平地 70～80 厘米。

2021 年 3 月济南泉水普查时,经测距仪现场测量,池水深度为 1.98 米。当日济南户外温度为 2℃～17℃。由于地处背阴处,王母池中尚漂有浮冰。由王母池向南上行,可见泰山行宫旧址。相传,行宫建于宋代,为祭祀泰山碧霞元君,今天仅存一座无梁殿结构的三教堂。玉函山山顶平阔,东侧原有兴隆寺(亦叫"卧佛寺"),相传始建于唐代。王母池旧时是玉函山顶佛寺、道观等出家人的日常饮用水源,因临近山顶(玉函山海拔 523 米,王母池海拔 502 米),取用较为方便。将泉池修筑得又大又深,应该是出于贮存水源的需要。

据传说,王母池乃西王母沐浴之瑶池。西王母的玉药函就放在山上。她命令神鸟日夜在此守护,神鸟名叫"王母使者"。汉武帝到泰山封禅之后曾游此山,得到了玉(药)函。玉函被带下山后,却忽然化为白鸟,飞得无影无踪。汉武帝这才知道,玉函乃西王母的神物,无法带走。此后,人们便将此山称为"函山"或"玉函山",将山上的泉池称为"王母池"。这个传说的原型最早记载于唐代文人段成式《酉阳杂俎》一书中,本来只有"玉函化白鸟",后人又添枝加叶,将王母池与之做了关联。今天的王母池,外形如函,池水如玉,恰恰暗合了玉函的传说。

1997年《济南市志》记载:"王母池在碧霞宫废墟北侧,形似方井,亦称'瑶池'。"今王母池外观与该记载不合,是否为"方井"扩建而成,待考。

王母池　雍坚摄

灰泉

灰泉位于市中区玉函山佛峪寺西北、三元宫遗址之下的山坡林间，别名"惠池"，古为佛峪寺僧人生活取用水源之一。1997年《济南市志》记载："灰泉在玉函山北坡登山路西侧密林中。水自石缝涓涓流出，积于直径1.3米左右的圆形浅池，时有枯竭。昔日为僧人饮用山泉，今泉旁尚有清雍正十年（1732）《佛峪右灰泉记》。"

2005年，灰泉被列入《济南市名泉名录》。2011年，济南泉水普查时，灰泉及泉旁古碑尚在，碑刻高80厘米，宽50厘米，厚16厘米。

2011年，玉函山灰泉　邹浩摄

玉函山灰泉旁原来所立的《佛峪右灰泉记》碑　黄鹏摄

2013年版《济南泉水志》记载："原泉池呈不规则形，池岸为自然土石，长0.8米，宽0.6米。泉水出露形态为渗流，常年不竭。泉旁有清雍正十年（1732）佛峪寺住持僧人通惠所立的《佛峪右灰泉记》碑。"

2021年3月15日，济南泉水普查队在玉函山调查寻访时，特邀玉函山西分水岭村村民王德山作为向导。众人在原灰泉旧址一带来回寻找，未见灰泉遗迹。由树林中零散增加的坟墓推测，灰泉可能因人为填埋而失迷。当日在灰泉旧址附近的一个土坡上，发现一块被遗弃的青石石碑，字迹漫漶不清，隐约可见碑文开头"佛峪右灰泉碑记"字样，碑文结尾有"大清雍正十年"等纪年文字。由此可确定，此碑正是原来立于灰泉旁边的泉碑。

鹁鸽泉

鹁鸽泉位于市中区玉函山北坡、鼓楼峰东侧半山腰处,为方形石砌泉池,边长约1米,与蕊珠泉大致处在同一水平线上。沿着蕊珠泉所在的佛峪寺旧址旁狭窄的盘山路向西行进约300米,可绕道至另一个佛峪寺风貌的小山峪。此处树木茂盛,石壁陡峭,石壁前的方池即鹁鸽泉。泉水从南侧池壁缝隙中流入泉池。2021年3月济南泉水普查时发现,由于正值春季少雨季节,仅见鹁鸽泉细流自池壁流出,泉池中有积水约半池。为了取水方便,泉池北侧还设置了石阶。

"玉函山上植被茂盛,长年有鹁鸽在此栖息生存,至今有个山洞被称为'鹁鸽洞'。鹁鸽泉的名字应该和鹁鸽有关,或许是因为这个泉子附近的石崖下常有鹁鸽出入,老一辈的人就随口管它叫'鹁鸽泉'了。"时年58岁的分水岭村村民王德山介绍说。鹁鸽泉虽然地处半山腰,但是一年四季常有水。分水岭村地处玉函山西面山脚下。王德山说,他年轻的时候,每逢大旱之年,村民们会拎着水桶前来取水。

鹁鸽泉　雍坚摄

大泉

　　大泉位于市中区玉函山安息园西侧山腰处，因出流量大而得名。2021年3月，济南泉水普查队在现场看到，大泉之水从西侧山体石隙中流出，泉口处砌有一个梯形小泉池。小泉池外则是一个依山而建的扇形大泉池，目测面积约有七八十平方米，池水中可见一簇干枯的芦苇。

　　据分水岭村村民王德山介绍，玉函山西侧诸峰在民间有大寨、二寨、三寨、四寨、五寨、六寨之分，大泉背靠五寨、六寨之间的山峪，山上植被丰富，水源丰沛，所以出水量较大，常年有水。

大泉　雍坚摄

1997年版《济南市志》记载："大泉在玉函山安息园西侧山腰处。为长8米左右天然泉池。水自岩缝流出，积于池内，清澈见底，常年不涸。"2013年版《济南泉水志》载有："（大泉）泉池为石砌长方形，长3米，宽2米，水出自一巨岩下，出露形态为涌流，长年不竭，积水成池。今人在池东壁雕一龙首，将泉水倒入新建的蓄水池，作为消防水源。泉上建有小亭，泉畔垂柳婆娑。"

东峪泉

东峪泉位于市中区玉函山北侧柏石峪村东南约500米处的东石崖下。泉水自岩洞流出，积于崖下长方形浅池中。夏秋水大时，泉水溢出泉池，顺山势沿峪沟向北流，流入兴济河。柏石峪村南端又分为一东一西两条小峪沟，西为西里峪，简称"西峪"；东为东里峪，简称"东峪"。东峪泉因出自东峪，故得名。因泉水出入的石崖附近常有鹁鸽栖息，柏石峪村村民又称东峪泉为"鹁鸽泉"。

东峪泉　陈明超摄

2021年3月济南泉水普查时，时值枯水季节，泉池内并无积水，仅泉池上方的崖壁上有水珠渗出。东峪泉所在的崖壁呈黄褐色，外观颇似牛头。因为这个原因，此泉还别称"牛头泉"。"一到夏天，这边还有一个出水的洞。"柏石峪村村委文书金元玉指着牛头泉南侧约10米远的一个岩洞说，"这里每逢大雨后，泉水出流很旺盛，山水和泉水汇在一起往下流，十分壮观。为了积蓄水源，前些年，村民在泉水下面还修了一个拦水坝，形成了一个小塘坝。"

沛泉

　　沛泉位于市中区十六里河街道柏石峪村村南、玉函山帅旗峰山脚下。泉池呈长方形，为青石砌筑，目测面积为30多平方米。泉水由泉池西南壁下流出，泉池内侧东壁中间砌有三块石碑，一块为清道光元年（1821）三月"沛泉"泉名碑，下署"东十六里河白石峪公立"，另外两块为修筑泉池时捐款人的功德碑。据了解，三块泉碑原砌于泉池东壁靠北的位置。2019年，泉池东壁坍塌。柏石峪村民重砌东壁时，将三块泉碑移至东壁

沛泉　李震富隆摄

"沛泉"泉碑　陈明超摄

正中。

　　沛泉因泉水丰沛而得名。2021年3月15日，时年47岁的柏石峪村村委文书金元玉介绍说："这个村建村有200来年了，沛泉是柏石峪村最早的水源。听老人讲，原来人们是为了吃沛泉的水才搬到山旁边的。每年下过连阴雨以后，石头缝里全都冒水。水大的时候，泉水从池子里溢出，往北沿着水沟流入兴济河，成为兴济河上游的支流之一。"

柏石峪南泉井

柏石峪南泉井位于市中区十六里河街道柏石峪村东南山坡下的梧桐树林中。此井开凿于民国时期，井深约 15 米，冬春季节井内水深约 5 米，夏秋季节井内泉水会涨至 10 米。井壁为自然石，井中泉源旺盛，四季有水。旧为柏石峪村村民饮用水源（注：此泉未列入《济南市名泉名录》）。

"南泉井所在的位置是东里峪峪口，俗称"王八窝"。听老人讲，大约在 20 世纪 30 年代，为了用水方便，村民开凿了这口泉井。南泉井的井口原来是自然石，2008 年前后，柏石峪村一带房地产开发时，对井口及周边进行了水泥砌筑，盖上了活动井盖，以防止井水污染。现在虽然用上了自来水，不少老村民和周边的住户，还经常开车到这里打水喝。用泉水泡的茶，就是香。"2021 年 3 月 15 日，柏石峪村村委会文书金元玉介绍说。

南泉井西北方 200 米处，还有一口北泉井，开凿于 20 世纪六七十年代，水源没有南泉井旺盛。

2021 年 3 月，柏石峪南泉井　李震富隆摄

白泉泉群、玉河泉泉群

南泉井·北泉井

南泉井、北泉井位于市中区十六里河街道花山峪村。据1997年版《济南市志》记载，该村原有花山峪北井、花山峪南井和永清泉。2005年《济南市名泉名录》收录了南泉井和北泉井，这两处泉井因原处村中的位置而得名。

2021年3月济南泉水普查时发现，原花山峪新村区如今已盖起楼房，老村区已基本拆迁完毕（仅剩南端一栋简易楼房），正待进行生态恢复。原花山峪北泉井在近年来的拆迁改造中灭失。今当地将原花山峪南泉井视为北泉井，将原永清泉视为南泉井。

南泉井（永清泉） 雍坚摄

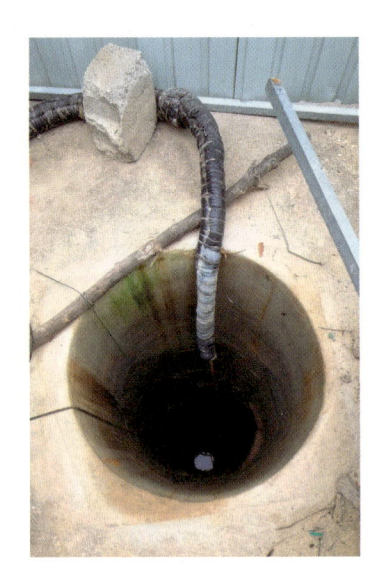

北泉井 雍坚摄

今北泉井位于拆迁区域南部水泥砌筑的围栏内。揭开井口覆盖物，可见一圆口泉井，泉水清澈，水面距井口约3米。今南泉井（永清泉）位于原南泉井南200多米，在一栋未拆迁的简易楼房东侧，紧邻山根。方形井口周边砌有水泥台面，井壁为青石砌筑，井内泉水充盈，目测距离井口只有1米多。据了解，在每年雨水较多的时候，泉水会涌出井口，直接沿地势向北流淌。

清代济南文人王钟霖在《历下七十二泉考》中曾经记载过函山泉（花山峪泉）："函山泉，玉函山迤东，俗名花山峪泉也。山方半，塘澄深见底。水从石龙口出，流为川河。山人言：门通郡城南关诸泉，相距二十余里，亦有验糠之传。志未载。"虽然王钟霖笔下的函山泉外观与今南泉井（永清泉）不同，但从他所记录的"山方半"这一泉址来看，函山泉与今南泉井（永清泉）位置非常吻合。今南泉井乃20世纪60年代在一山泉旧址重新挖出来的，当时被命名为"永清泉"，旁边曾立有1966年的泉碑。

此外，清诗人徐子威有《秋日同孙峄南、董松南访花山峪井葆泉，次孟襄阳韵》一诗传世："岚光扑精舍，结伴至君家。境僻人来少，林秋日易斜。峪中无物我，云际有桑麻。今岁多风雨，山山遍石花。"诗名中所说的"井葆泉"在当代也无记载。或许，和函山泉一样，"井葆泉"也是永清泉的一个别名。

土屋庄南泉井

土屋庄南泉井原位于市中区舜耕街道土屋庄村南、兴济河南岸,又称"朱公井",为明清时期土屋庄和石青崖村两庄公用的泉井。

土屋庄虽然濒临兴济河,但历史上生活水源并不是很丰富。位于庄南兴济河南岸的南泉井,是村民记忆中的宝贵水源。"我小的时候,夏天就从这个井里拔上泉水来,喝凉水吃单饼,从来不闹肚子。单饼,就是自家烙的那种面饼。"2023年,55岁的土屋庄党支部书记杨友孝说。原来他家就住在河北岸,当时土屋庄村南百十户人都吃南泉井的水。时年77岁的土屋庄村民刘希智说,南泉井可能是建于明清时期。他小时候,

土屋庄南泉井井口　郭学军摄

土屋庄南泉井原来位于图中菜地中　雍坚摄

南泉井旁立着两块大碑，一块碑上刻着"朱公井"，很大，起码得两米半高，另一碑上刻着"两庄公井"。可能是第二次修井淘井时，石青崖村出了一部分钱，这口井就成了两庄公用的井。井旁还建有一座小庙，逢年过节，会有村民来此烧香。

南泉井旧址旁，有一座20世纪六七十年代修建的三孔石桥至今尚存。过去，土屋庄的村民通过这座石桥，即可方便地到南泉井打水。21世纪初，伴随着土屋庄的开发，位于石桥南头东侧的南泉井渐渐少人问津，泉井周边后来被渣土垫高两米多。但南泉井并未湮没，一位杨姓村民将井口往上垒砌，目前依旧能取水浇灌附近的菜地。

鹿泉

鹿泉位于市中区十六里河街道石匣村南、石崮寨（俗称"大寨"）山顶北侧崮头东北方山脚下碧霞祠旁。

鹿泉原在高1米、深1.2米、宽0.7米的半天然石洞中。水自石洞岩缝流出，汇于小浅水池中，不溢不涸，清洌甘美。乡人奉若圣水，称饮之可祛病除疾。洞前有碧霞祠，供碧霞元君牌位。据传说，泉内曾有一条白龙驾云而去，片片鳞甲留在泉中，在阳光照耀下银光闪烁，故此泉

鹿泉泉亭　雍坚摄

又名"白龙泉"。2013年8月，济南市泉水办、市中区园林局维修整治泉池，在泉上建了一座六角凉亭。

2021年3月济南泉水普查时发现，石匣村近年来扩建了碧霞祠，整修了由山下通往碧霞祠的道路。由于道路抬升，碧霞祠门前左侧的鹿泉及凉亭现处于路边一水泥砌筑的凹槽中，底部低于路面1米左右。靠山体的凹槽壁开有方形门洞，里面泉水泠泠作响，通过暗道流到石桌下的泉井中，掀开石桌，即是井口。时年61岁的石匣村党支部书记王延学介绍说，此泉距离石匣村约有1公里，旧时村内缺水时，村民也会到此挑水。

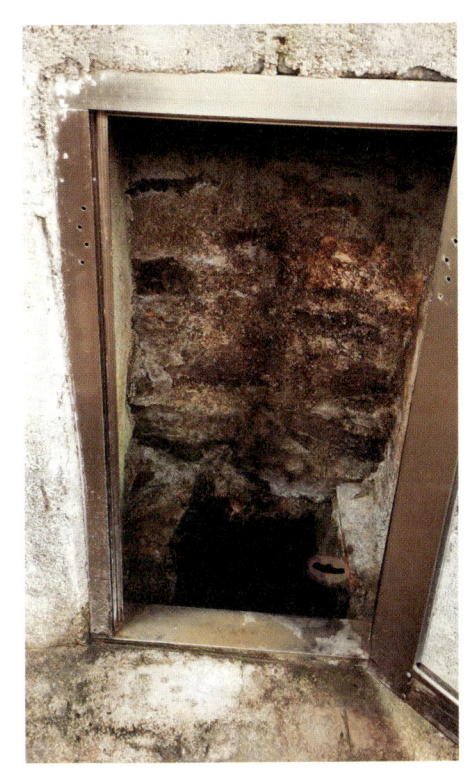

鹿泉 李震富隆摄

鹿泉位列金代七十二名泉之一。元《齐乘》转引金《名泉碑》时记载："曰鹿泉，石固寨。"清崇祯《历城县志》载："鹿泉，石崮寨后。"

双龙泉

双龙泉位于市中区十六里河街道石匣村东岩壁下。泉水出露形态为渗流，积水于池，从未断流，旧时为全村人的饮用水源。1994年当地通自来水后，泉水便用于浇灌农田。泉池外观为双口井，井口上有长方形井盖。揭开井盖，只见井下为一整个泉池，长1.2米，宽0.8米，深15米，泉水清澈。因一泉两井，故取名为"双龙泉"。

2021年3月济南泉水普查时了解到，双龙泉是在自然泉源处向下开凿而成的，约形成于清光绪时期。之所以下挖15米，是出于储水考虑，

双龙泉　李震富隆摄

以便泉水出流后能积于池内,满足村民旱季取水的需要。在双龙泉不远处,还有一口同期开凿的方口泉井。此井位于崖壁下,井旁石头上刻有光绪年间题记,今字迹漫漶,很难识读。据石匣村村民介绍,双龙泉的水源来自东北方的山岭,水质很好,口感甘冽。现在双龙泉已不再作为饮用水源,村民将泉水引流出来,用于浇灌庄稼和果木。

历史文献中,未见关于双龙泉的记载。2013年版《济南泉水志》首次著录该泉。2021年9月,双龙泉被列入《济南市新增305处名泉名录》。

此外,石匣村西另有大汨泉一眼。2011年8月泉水普查时收录。2013年版《济南泉水志》记载:"泉池石砌正方形,边长0.5米,深1米。泉水出露形态为涌状,常年不竭,为村民饮用及农耕水源。"此泉未列入名泉名录。

白泉泉群、玉河泉泉群

姑嫂泉

　　姑嫂泉位于市中区党家街道蛮子庄金拱岭北坡,别名"淑让泉"。泉池为石砌长方形,长 1.5 米,宽 0.3 米。泉水出露形态为渗流,长年不竭,是村民的主要饮用水源。泉池之上用不规则的石块垒砌了一座泉屋,以保持泉源清洁。泉屋留有 1 米多高的门洞,需弯腰进入取水。夏天雨后,泉水涌量大时,能溢出泉池,经泉屋门洞漫流而出。

　　传说,宋代有宋氏姑嫂二人,逃难来到此地。时值盛夏,气候干旱,

姑嫂泉　王琴摄

姑嫂泉旁的姑嫂墓　马静慧摄

方圆几十里不见人烟。两人干渴难耐，突然发现山峪中有一牛蹄印，蹄印里荡漾着一洼清水。因水太少，只够一人喝，二人互相谦让。小姑子认为，自己年龄小，理应让嫂子先喝。嫂子则觉得，自己年长，应该让妹妹喝。结果，两人谁也没有喝，双双渴死。神灵得知此事，甚是感动，便在牛蹄印边凿一清泉，名"淑让泉"，老百姓则称它为"姑嫂泉"。人们为了纪念姑嫂二人，把她们葬在了泉边，并在墓上筑塔。后又在塔边建造姑嫂殿。几经扩建，到了明朝，殿宇规模已十分宏大。山下则逐渐形成了一个村落，称为"蛮子庄"。清代，重修姑嫂殿后，游客不断，四周乡民便在泉边约立香会。香会分两天，农历三月十五主祭小姑，第二天主祀嫂子。至民国时期，香客遍布鲁西地区。

今姑嫂泉旁，姑嫂塔仍在，塔门上镌有"红云嫂墓"和"青云姑坟"。姑嫂塔旁为当代于旧址新建的姑嫂殿。此外，1935年所立的《嫂妹塔志》

碑也立于姑嫂塔旁，字迹斑驳，勉强可以辨识。2006年，姑嫂塔被列为市中区登记文物保护单位。

《嫂妹塔志》云：

  宋氏嫂妹，大崮人焉。盛夏经此，四无村庵。有水甚鲜，济渴诚难。淑让渴化，孳乳此山。筑室建像，懿行流传。天彰其德，乃发泉源。取之不竭，水清而甘。御灾抵患，祈饮皆然。公修明礼，封谒神灵。建殿愫（塑）像，规模敞弘。化着溥博，惠及群生。步武而至，阴雨难容。增业募化，配房建成。德□□□，告厥成功。刻此乐石，众善齐名。后圣复起，有所景行。

中华民国二十四年岁次己亥春□正月元日

济宁女徐彩云素卿氏题并书

  ……

吴家泉

吴家泉位于市中区党家街道土屋村东南山谷西侧的果园中。泉池为石砌长方形，长 0.78 米，宽 0.59 米，上覆池盖。泉水出流量随季节变化而变化，冬春季节出流舒缓或者断流，夏秋季节流量颇丰，最大流量可达每分钟 1 立方米。

泉水自暗道流入河道，先汇入一个小型水库，最终汇入玉符河。水质优良，口感甘甜，过去是土屋村村民的主要生活用水。土屋庄旧称"边家土屋"，建于明末清初，因边姓定居早、住土屋而得名。后来边姓衰微，土屋庄成为杂姓村落。吴姓人家取得了村南河谷周围的土地，所以将这眼山泉称为"吴家泉"。

历史文献中，未见关于吴家泉的记载。2005 年，《济南市名泉名录》将其收录。2013 年，《济南泉水志》亦著录该泉。2015 年 12 月，济南市名泉办、市中区园林局对此泉进行修缮保护并立碑。2021 年 3 月济南泉水普查时，正值旱季，吴家泉处于断流状态。

吴家泉　马静慧摄